Birgit Schmidt

Seelen im Übergang

Über Verstorbene, Geister, Besetzungen und Walk-In-Seelen

Impressum

Erstauflage im April 2011

Herstellung und Verlag:

Books on Demand GmbH Norderstedt

ISBN: 978-3-842349-10-0

Inhaltsverzeichnis

2. Einige Berichte über Geister, die ich ins Licht geführt habe 23

Einleitung

Was passiert, wenn wir sterben und wo sind wir, bevor wir auf die Erde kommen? Das sind Fragen, die wohl niemand genau beantworten kann. So kann auch ich nur von meinen Erfahrungen durch meine medialen Erlebnisse berichten.

Schon als kleines Kind nahm ich Verstorbene wahr. Mein erstes bewusstes Erlebnis war für mich vollkommen selbstverständlich und normal zugleich. Im Alter von drei Jahren war ich mit meiner Mutter auf dem Friedhof.

Wir trafen dort eine mir fremde, ältere Frau, die erst kürzlich ihren Mann verloren hatte. Sie war in Trauer und weinte am Grab. Ich sah jedoch ihren Mann als Geist neben ihr. Es ging ihm gut und er wirkte glücklich.

Wieso merkt seine Frau das nicht? – fragte ich mich. Sie muss doch spüren, dass es ihm gut geht und dass sie ihn nicht beweinen muss. Da meinte der Geist, seine Frau könne ihn nicht wahrnehmen, während sie um ihn trauert, und er kann sich nicht von ihr lösen durch ihre Trauer. Er bat mich um meine Begleitung auf seinem Weg ins Licht. Nun wusste ich nicht, was ich da tat. Es ging alles sehr schnell. Wir verschmolzen, es war viel Licht da und ich spürte seine Dankbarkeit. Dann war er weg, die zwei Frauen unterhielten sich noch und niemand hatte etwas gemerkt.

Es gab viele solche Erlebnisse. Wenn in der näheren Umgebung jemand starb, nahm ich den Geist wahr und begleitete ihn ins Licht. Es war immer so einfach und selbstverständlich. Ich spürte dabei immer das Licht und die große Dankbarkeit der Seelen.

So ist das bis heute noch. Ich fragte mit der Zeit die Seelen immer etwas, was mich gerade über sie und ihren Tod interessierte. Von den meisten bekam ich auch eine kurze Antwort. Sie waren jedoch alle nicht sehr gesprächig. Sie wollten ins Licht geführt werden und sich nicht unterhalten. Dennoch konnte ich mit der Zeit durch die unzähligen Geisterheimführungen viel dazulernen.

Was wir schon immer über die Geister wissen wollten

Was sind Geister und warum bleiben sie hier?

Diese Geister sind für mich Menschen, nur ohne festen Körper. Sie lassen nur ihren physischen Körper zurück. Ihre Aura, die feinstofflichen Körper, nehmen sie mit. Normalerweise geht eine Seele nach dem Tod alleine ins Licht. Jedoch gibt es viele Gründe, warum es einer Seele sehr schwer fällt, den Weg alleine zu gehen.

Die meisten berichten von zu schmerzhaften Todeserfahrungen. Es spielt eine entscheidende Rolle, ob man in Verzweiflung, Angst, Wut und Hass stirbt oder ob man im Frieden gehen kann. Auch die Trauer der Angehörigen hält die Seelen fest. Es gibt auch einige, die sich bewusst dafür entscheiden, hier zu bleiben. Auch sie können nicht in Frieden gehen, denn sie können nicht loslassen, sei es von der Familie, dem Besitz, der großen Liebe, usw.

In unserer jetzigen Zeit bewegen wir uns auf das Ende eines langen Inkarnationszyklus auf Erden zu. Geister gab es zwar schon immer, doch noch nie so viele wie zu dieser Zeit. Den Seelen fällt es mit jeder Todeserfahrung zunehmend schwerer, den Weg alleine ins Licht zu gehen. Sie berichten von den vielen Inkarnationen die sie hatten. Die meisten Tode waren mit seelischen und körperlichen Schmerzen verbunden. Beim Sterben kommen ihnen die Erinnerungen, und die Ängste tauchen wieder auf.

Viele haben nicht den Mut und die Kraft, durch die unruhigen Ebenen der 4. Dimension zu gehen, da sich viele astrale Wesenheiten dort aufhalten. Wenn ich sie jedoch führe, erschaffe ich eine Lichtbrücke, wodurch sie geschützt sind. Es braucht für eine Seele Frieden und Zuversicht, um durch diese unruhigen Ebenen zu gelangen. Solange Verunsicherung und Ängste vordergründig sind, ist die Ablenkung durch die astralen Wesenheiten und ihre Gedankenformen noch zu groß, um den Weg weiter zu beschreiten.

Ein weiterer Aspekt von vielen Erwachsenen liegt in der Überzeugung, dass es nur dieses eine Leben gibt, und so klammern sie auch mit allen Mitteln an diesem Leben. Denn alles andere bedeutet in der Vorstellung ja die komplette Auflösung in nichts.

Ein Grund, der jedoch auf alle zutrifft ist, dass sie ihren physischen Tod nicht akzeptieren können und an ihrem Körper festhalten. Sogar, wenn eine Seele sich das Leben nimmt, kann durch die Selbstverurteilung kein Frieden mit dieser Tat empfunden werden. Das eigene Urteil, im Leben versagt zu haben, lässt auch den Tod nicht zu. Es gibt von keiner Ebene eine Verurteilung dazu, sondern nur Spiegelungen der eigenen Verachtung. Jede Seele kann dies erkennen und somit loslassen, um sich die Befreiung zu ermöglichen.

Ist für eine Seele das Licht der Himmel und die Erde die Hölle?

Das Licht bezeichne ich als das Zuhause einer Seele. Es befindet sich in der Dimension von der sie gekommen ist und nach dem Tod wieder zurückgeht. Es gibt viele dieser Dimensionen und innerhalb dieser auch mehrere Ebenen. Je nach Entwicklung bewegt sich eine Seele dort auch weiter. Da dieser Ort mit der Seele in größter Harmonie schwingt, kann er auch als Himmel bezeichnet werden.

Die Hölle jedoch existiert nur in der Vorstellung. Alle Geisterseelen mit denen ich in Kontakt war, sahen ihr Dasein auf Erden zwar nicht als befreiend, aber keinesfalls als eine Hölle. Sie empfanden es weder als lang noch als leidvoll.

Wissen die Geister dass sie tot sind und wie geht es für sie weiter?

Alle Geister leugnen anfangs ihren Tod. Sie halten an ihrer Verkörperung fest und hoffen, ihn wieder bewohnen zu können. Spätestens jedoch, wenn sie merken, dass sie nicht mehr in ihren Körper zurückgehen können, da es ihn nicht mehr gibt oder er zerfällt, müssen sie ihren Tod annehmen. Sie spüren zwar, dass sie nicht wirklich tot sind, aber dass ihre menschliche Inkarnation beendet ist.

Die meisten finden sich die ersten Jahre damit ab und haben anfangs noch nicht den Wunsch weiterzugehen. Sie brauchen diese Zeit, um zu verstehen und sich bewusst zu entscheiden, in ihre lichte Dimension heimzukehren. Dann erst beginnt für sie das Warten. Denn viele sind nun bereit zu gehen, ja, sie haben den innigsten Wunsch dazu, können sich jedoch nicht aus eigener Kraft von der Dualität lösen.

Ihre Resonanzmuster zu den irdischen Erfahrungen sind noch zu präsent und schmerzhaft, um sie einfach loslassen zu können. Wir müssen uns das so vorstellen, dass dann ein Wille da ist und es noch eine Zeit der Heilung braucht, damit eine Geisterseele den Weg ins Licht alleine beschreiten kann.

Nur diese Seelen treten mit mir in Kontakt und bitten mich um Hilfe. Sie sind bereit zu gehen, brauchen aber noch Unterstützung, um sofort gehen zu können. Jede Seele erreicht ihre Heilung auch alleine, sie braucht dazu nur mehr Zeit.

Ich gehe auch davon aus, dass das Zeitempfinden der verstorbenen Seelen ein anderes ist, als bei uns Lebenden. Wenn manche Seelen mir mitteilen, dass sie im frühen Mittelalter gestorben sind, war ich früher oft betroffen, über die lange Zeit, die sie hier als Geister verbringen. Diese Seelen reagierten daraufhin aber immer sehr erstaunt über mein Verhalten, denn sie empfanden diese Zeit nicht als lang.

Keine Seele bleibt also für ewig und immer hier. Um zu lernen, lassen sie sich von Menschen mit gleichen Mustern anziehen. Sie lernen von den Erfahrungen der Menschen, welche die gleichen bindenden Glaubenssätze in sich tragen.

Wenn sich also jemand durch seine Erfahrungen weiterentwickelt, hat der Geist ebenso die Möglichkeit dadurch zu lernen und sich weiterzuentwickeln. Er schwingt sich sozusagen in das Erleben mit ein, als wären es seine eigenen Erfahrungen. Wenn genügend Erfahrungen gesammelt wurden, besteht keine Resonanz mehr zwischen den beiden und der Geist kann gehen.

Auch wenn ich die Geister ins Licht führe, geschieht vorher bei ihnen die notwendige Heilung. Ich sehe das als eine Transformation von den noch hier bindenden Mustern. Dies vollzieht sich sehr schnell. Wenn ich spüre, dass sie zu mir kommen, gehe ich in eine meditative Haltung. Ich fühle mich dabei im Herzen sehr weit und ausgedehnt.

Dieser Raum gibt den Seelen die nötige Energie um zu ihrem inneren Frieden zu gelangen. Ich heile somit nicht direkt, sondern bin nur sehr zentriert in meiner Kraft. Doch weiß ich auch, dass in diesem Raum tatsächlich alles zum höchsten Wohle geschehen kann.

Was können Geister tun?

Wenn sie wollen, können sie sich bemerkbar machen. Sie können laut laufen, so dass man die Schritte sehr deutlich hört. Sie können Materie bewegen, also Gegenstände verlegen, Türen aufmachen, Geräte einschalten oder verstellen. Manche geben Geräusche von sich, sprechen sogar oder schreien. Sie haben oft auch eigene Gerüche an sich.

Sie können uns spürbar berühren und sie zeigen sich, wie sie es möchten. Sie können uns jedoch nichts antun. Manche strahlen extreme Kälte aus. Da kann auch die Heizung an sein und der Raum bleibt trotzdem kalt. Geister sind gern nachtaktiv und allein ihre Unruhe raubt vielen Menschen den Schlaf.

Sie verwenden viel Zeit auf das Trainieren von Fähigkeiten. Da sie keinen festen Körper haben, können sie tatsächlich keinen Gegenstand nehmen oder einen Lichtschalter anknipsen. Auch ein richtiges Sprechen, oder sonstige stimmliche Laute, sind ihnen nicht möglich. Sie machen das mit Gedankenkraft. Sie sagen, dass wir das auch könnten, wenn wir es so hingebungsvoll üben würden wie sie.

Können Geister uns beeinflussen?

Sie haben eine Aura, also auch Emotionen und Gedanken. Diese Schwingungen sind präsent und spürbar. Wenn wir uns nicht bewusst ausrichten, sind wir beeinflussbar. Aber nicht, weil diese Schwingungen von einem Geist kommen, sondern weil wir in Resonanz damit gehen.

Wenn ein Geist im Haus mit wohnt, so ist die Beeinflussung ständig da. Sie wechseln selten ihre Emotionen. Die meisten haben eine Grundschwingung, die sie ständig ausstrahlen. Wir können auch ihre Worte und Gedanken wahrnehmen, wenn sie diese bewusst an uns ausrichten.

Nach meiner Erfahrung können Geister stärker beeinflussen, als menschliche Mitbewohner. Vielleicht weil sie auch ihren Gedanken eine größere Aufmerksamkeit und somit Intensität geben. Die meisten Geister strahlen Unruhe aus. Dadurch fällt es schwer, sich zu entspannen. Vor allem nachts kann der Schlaf nicht mehr so tief und erholsam sein, wie er eigentlich sein sollte. Viele berichten davon, dass sie erst wieder durchschlafen konnten, als der Geist weg war.

Auch Emotionen können sich übertragen und Vorlieben, wie Essensgelüste. Manche hören schlagartig auf, z. B. Bier oder Schokolade zu mögen, sobald der Geist im Licht ist. Das kann auf alles zutreffen. Die Vorlieben des Geistes können uns verwirren. Wir sind uns dann plötzlich selber fremd.

Was kann man tun, wenn man einen, oder sogar mehrere Geister im Haus hat?

Wenn sie sich bemerkbar machen, möchten sie auch gerne ins Licht gehen. Ein Geist hat die Möglichkeit sich ganz unauffällig zu verhalten, so bemerkt man seine Anwesenheit nicht wirklich. Nach meiner Erfahrung haben alle, die sich mehr oder weniger auffällig verhalten, auch den Wunsch weiterzugehen.

Die Engel des Lichtes und des Übergangs haben sich bei mir gemeldet. Sie sind immer gerne bereit, für diese Seelen zu wirken. Wir können sie rufen und sie bitten, die Geister ins Licht zu füh-

ren. Wenn dabei jedoch Ängste vor den Geistern
da sind, können diese Engel durch diese Angst-
barriere nicht wirken.

Am besten führt man tagsüber in einem harmo-
nischen Zustand ein kleines Ritual durch. Mit einem Kerzenlicht und einigen ruhigen Minuten
drücken wir unsere Wertschätzung aus. Es sind
besondere Momente wenn Seelen ins Licht gehen. Das ist durchaus wahrnehmbar.

Es ist auch sinnvoll, immer wenn Geister wahrgenommen werden, wiederholt um die Heimführung zu bitten. Die Unruhigen gehen dabei zuerst.
Dann kann es sein, dass einige Tage später sich
weitere Geister bemerkbar machen, die nun auch
zum Gehen bereit sind.

Wenn wir Geister anziehen, ist auch immer eine
Resonanz zu ihren Mustern bei uns vorhanden.
Gleiches zieht Gleiches an.

Es sind dieselben Glaubensmuster, warum der
Geist seinen physischen Tod nicht akzeptieren
konnte, welche auch bei uns unbewusst vorhanden sind. Sie beruhen auf verdrängten, schmerzhaften Erfahrungen.

Oft können wir dazu bereits in einer meditativen Haltung diese Muster befragen und Zusammenhänge in unserem gelebten Leben erkennen.
Dieses Erkennen löst einen Transformationspro-
zess aus und wenn danach keine Anziehungs-
punkte mehr da sind, muss der Geist auch gehen.
Im idealsten Fall lernt der Geist mit und findet
dadurch auch seine Befreiung.

Warum sind Geister
in meinem Haus?

Wie bereits erwähnt, ist wohl die wichtigste Ursache die Resonanz. Der Geist bleibt oder fühlt sich von außen angezogen, weil er durch die Erfahrungen, die wir durch unsere unbewussten Glaubensmuster machen, selber lernen und reifen möchte. Wenn also diese Resonanz gegeben ist, gibt es noch weitere Aspekte.

Viele Geister bevorzugen ihr eigenes Zuhause, in dem sie vor dem Tod gelebt haben. Auch wenn sie außerhalb des Hauses gestorben sind, können sie es wieder aufsuchen. Selbst wenn das Haus irgendwann veraltet, abgerissen und an der Stelle ein neues gebaut wird, bleiben sie trotzdem an Ort und Stelle und bewohnen eben das neue Haus. Sie berichten, es sei ihr Zuhause.

Ich hatte auch schon oft Fälle, in denen ein Geist in einem neuen Haus sich aufhielt und erklärte, er sei vor einigen hundert Jahren an dieser Stelle gestorben und habe sich seitdem nicht mehr wegbewegt. Manchmal war dort früher freies Feld oder es gab dort mal eine einfache Hütte oder vor langer Zeit gar eine ganze Siedlung.

Es kann sich auch an dieser Stelle ein ehemaliger Kriegsplatz befunden haben, von dem niemand mehr etwas weiß.

Geister wandern auch gerne in großen Häusern oder Wohnblöcken von Wohnung zu Wohnung. Sie bleiben letztendlich dort, wo die größte Resonanz zu ihren Schwingungen da ist. Wenn kein Bewohner ähnliche Muster, Gedanken und Emotionen in sich trägt, dann ziehen sie sich auf den Dachboden oder in den Keller zurück.

Bleiben Geister gerne in der Nähe ihres Sterbeortes?

Viele bleiben dort, wo sie gestorben sind, oder auch auf dem Friedhof. Gerne gehen sie auch in ihr altes Zuhause zurück. Gewöhnlich bewegen sie sich jedoch alleine keine weiten Strecken von ihrem Sterbeplatz weg. Sie halten sich in einem überschaubaren Umkreis auf.

Außer sie reisen mit einem Menschen mit. Das kommt oft bei Umzügen vor, dass man die alten Hausgeister mit nimmt, vorausgesetzt sie versprechen sich tatsächlich Heilung von unseren Erfahrungen. Wenn jedoch bei den neuen Hausbewohnern eine gleiche, oder sogar noch stärkere Resonanz zu ihren Mustern da ist, dann bevorzugen sie ihr altes, gewohntes Zuhause.

Wenn eine sehr starke Anziehung vorhanden ist, begleiten auch die Geister ihren Menschen ständig, also zur Arbeit und eben immer, wenn das Haus verlassen wird. Das muss noch keine Besetzung sein. Sie halten sich an den Randschichten der Aura auf, um mitreisen zu können. An Ort und Stelle angekommen, treten sie dann beobachtend zurück. Sie tun das, um intensiv zu lernen und nichts zu verpassen.

Muss man an Geister glauben, um sie wahrzunehmen?

Es gibt ja viele Geister, die sich so auffallend verhalten, dass man ihre Existenz einfach nicht leugnen kann. So einem Geist ist es egal, ob die Bewohner des Hauses an ihre Existenz glauben. Sie leben einfach das, wonach ihnen ist.

Anfangs zweifelt man wohl schon an sich selber, wenn man Schritte hört oder Gegenstände verlegt wurden. Dann wird nach erklärbaren Gründen gesucht, doch wenn es keine gibt, stellt man sich doch wohl die Frage, ob das ein Geist sein könnte. Niemand muss also dazu besonders veranlagt sein, um Geister anzuziehen und sie zu bemerken.

Jedoch nehmen Kinder und Tiere Geister direkter wahr. Auch wenn sie sich noch nicht auffallend verhalten, so spüren Kinder und Tiere einfach ihre Anwesenheit und ihre Energien viel deutlicher.

Wie können sich Geister zeigen?

So wie sie möchten. Der Geist kann darüber entscheiden, ob er gesehen werden möchte und auch wie er sich zeigt. Sie werden von einer verschwommenen hellen oder auch dunklen Silhouette über deutliche Umrisse bis zu ganz klaren Gestalten wahrgenommen.

Manche Geister, welche ich über ihren Tod und ihr Leben befragte, die aber nicht mit mir reden wollten, zeigten sich dann so, wie sie gestorben sind und auch mit ihrer traditionellen Bekleidung. Also z.B. mittelalterlich und mit Beulenpest oder sogar geköpft. Sie können mir so klare und deutliche Informationen geben. Zusätzlich geben mir ihre offenen Emotionen ein stimmiges Gesamtbild.

Viele zeigen sich im Leichengewand oder in ihrer Kleidung, die sie beim Sterben trugen. Einige auch in ihrer bevorzugten Lieblingskleidung.

Den Hausbewohnern zeigen sich manche mit roten Augen. Das tun sie schon absichtlich, um zu erschrecken. Doch auch da ist der wahre Grund die Resonanz zu den Ängsten der Bewohner. Opfer und Täter ziehen sich mit denselben Glaubensmustern an.

Tatsächlich können sie uns nur Angst machen und uns nicht wirklich was antun. Ich ergreife da keine Partei für die Geister, sondern ich weiß aus den Gesprächen mit ihnen, dass es nicht in ihrem Sinne ist, jemanden zu schädigen. Auch die extremsten Spukgeister bringen „nur" unsere wunden Stellen zum Vorschein, damit letztendlich eine Entwicklung und Heilung geschehen kann.

Manche sehen die Geister nicht, können sie aber spüren und sogar ertasten. Obwohl sie ja nicht aus fester Materie sind, können sie doch in ihrer Vorstellung einen Körper formen, der sich fest anfühlt, aber dafür kaum sichtbar ist. So zeigen sich manche Geister beim Ertasten sogar sehr riesig; vielleicht um durch ihre Größe mehr Eindruck und auf sich aufmerksam zu machen.

Wie kann ich ein Geisterdasein nach meinem Tod verhindern?

Diese Frage habe ich einigen langjährigen Geistern gestellt, als sie nun endlich bereit waren, ins Licht zu gehen. Von allen kam, zwar mit verschiedenen Worten ausgedrückt, doch insgesamt die gleiche Grundbotschaft: *„Das Loslassen üben."*

Sie meinten: *„Identifiziere dich nicht immer gleich mit allem und verstehe, dass du das nicht bist. Lerne zu betrachten und gehe einen Schritt zurück, um Abstand von den Dingen zu nehmen, die dich bewegen. Lass dich einfach immer wieder fallen, besonders in den Situationen die für dich unangenehm sind.*

Übe Hingabe und akzeptiere das Jetzt. Wenn du loslassen kannst, bist du frei. Dann können dir auch keine Trauerenergien etwas anhaben. (Kinder und Tiere sind jedoch abhängig von bindenden Gedanken und Trauerenergien, da sie sich nicht mit einem freien Willen ausrichten können.) Die Entwicklung geht immer weiter. Auch als Geist. Du kannst nichts falsch machen und du lernst immer.

Lass alle Vorstellungen und Glaubensmuster, die du vom Leben hast, los. Spüre, dass du lebst und das wird immer so sein. Es gibt keinen Tod, nur immerwährende Weiterentwicklung. Verurteile nichts und akzeptiere jeden Ausdruck des Lebens. Verstehe, dass du niemals den Überblick über alles hast. Alles hat seine Gültigkeit und seine Berechtigung."

Wenn für eine erwachsene Seele der hauptsächliche Grund des sich nicht vom irdischen Loslösens in der Identifikation mit dem physischen Körper und den irdischen Erlebnissen besteht, dann ist es nur sinnvoll, zeitlebens das Loslassen zu üben.

Von einer höheren Sicht aus betrachtet, geht es da wohl insgesamt um unsere Weiterentwicklung. Wir brauchen dabei Geduld und können nichts erzwingen. Es ist auch tröstlich zu wissen, dass es keinen Stillstand gibt und wir selbst als Geister weiterlernen. Wir sind immer richtig und es geht immer weiter.

Einige Berichte über Geister, die ich ins Licht geführt habe

Oft spüren Familienmitglieder, dass ein Verstorbener der Familie sich bei ihnen aufhält. So riecht man ihn, wie man ihn kannte. Oder nimmt seine besonderen Eigenheiten und Bewegungen wahr. Es ist ein Gefühl, als ob er hier immer noch lebt, nur eben ohne Körper. Auch spüren die Angehörigen sehr deutlich, wenn der Geist im Licht, bzw. weg ist. Viele verabschieden sich noch beim Gehen von ihren Lieben, indem sie sich zeigen und vermitteln, dass alles gut ist und sie jetzt glücklich sind.

Bei den folgenden Berichten war immer sofort wieder alles in Ordnung, sobald ich den Geist heimgeführt hatte. Es wird von einer wieder guten und normalen Energie berichtet, so dass sich wieder jeder wohl fühlte. Wenn Gerüche vom Geist da waren, verschwanden diese auch sofort. Auch Kälte oder Dunkelheit lösten sich sofort auf. Alle Geister kamen, wie immer, freiwillig zu mir und ließen sich auch dankbar von mir führen.

Kälteausstrahlung

Manche berichten von einer extremen Kälte, die von einem Geist ausgeht. So nahm in einer Familie ein Kind einen Geist hinter der Heizung in seinem

Zimmer wahr. Es war Winter und die Heizung war an und warm. Das Zimmer blieb jedoch eiskalt. Auch wollte das Kind das Zimmer nicht mehr betreten. Als ich mit dem Geist in Kontakt ging, nahm ich einen kleinen Jungen wahr. Er sagte mir, dass er erfroren sei. Ich hatte das Gefühl, dass er die ganze Wärme der Heizung aufnahm. Sofort als er weg war, wurde der Raum wieder angenehm warm.

Bei einem anderen Haushalt wohnte ein Geist überwiegend im Waschraum des Kellers. Auch dort wurde von einer ungewöhnlichen Kälte berichtet. Dieser Geist zeigte sich mit roten Augen und erschreckte regelmäßig die Hausfrau, indem er ein unsichtbares Tuch über sie zog. Nachdem ich den Geist weggeführt hatte, verschwand diese eigenartige Kälte sofort.

Sich beobachtet fühlen

Zwei junge Mädchen wohnten zusammen in einer bereits vom Vormieter möblierten Wohnung. Es war eine ältere Frau, die in der Wohnung starb. Beide Mädchen hatten immer das Gefühl, nicht alleine zu sein. Wenn sie in den Spiegel schauten, sahen sie im Spiegel hinter sich immer eine Wesenheit vorbeilaufen.

Oft ging auch die Schranktür unerklärlicherweise auf, obwohl sie abgeschlossen war. Das Schlimmste jedoch war, dass sie immer das Gefühl hatten, dass jemand vor ihnen steht und sie beobachtet. Keine konnte mehr alleine in der Wohnung sein, ohne in

Panik zu geraten. Als ich danach schaute, war tatsächlich der Geist der Vormieterin noch anwesend. Als sie ins Licht gegangen war, konnten die Mädchen in ihrem neuen Zuhause sich zum ersten Mal richtig wohl fühlen.

Schritte auf dem Dachboden

Eine Familie hörte nachts immer Schritte auf dem Dachboden über ihrer Wohnung. Die Türe zum Dachboden war jedoch abgeschlossen und niemand konnte dort sein. Auch alle Hausbewohner, die tagsüber den Dachboden betraten, fühlten sich nicht wohl und verließen ihn schnell wieder.

Wenn Wäsche dort aufgehängt wurde, verschwand oft etwas. Auch die Putzfrau weigerte sich schon lange, den Dachboden zu betreten. Es war der Geist eines älteren Mannes, der einst in einer Wohnung innerhalb des Mietsblockes starb.

Die Resonanz war zu keinem der Bewohner stark genug, so bewohnte er einfach den Dachboden. Nach der Heimführung des Geistes konnten alle wieder gute Energien dort wahrnehmen und sich angstfrei aufhalten.

Seltsamer Geruch

Bei einer Frau mit ihrer Katze geschah jeden Abend das Gleiche. Sie saß im Wohnzimmer und plötzlich ging die Türe auf. Die Katze ging zur Tür und fauchte und stellte die Haare. Auch war immer so ein eigenartiger Geruch in der Wohnung. Sie berichtete mir davon, als sie gerade nicht in ihrer Wohnung war.

Ich schaute gleich nach dem Geist und führte ihn ins Licht und teilte ihr das mit, dass er nun weg sei. Als sie heimging, fiel ihr sofort auf, dass der seltsame Geruch weg war. Auch ihre Katze verhielt sich wieder ganz friedlich.

Todeszeit - Ursache der sogenannten Geisterstunde

Viele Geister knipsen gerne das Licht an und aus, auch elektrische Geräte wie Computer, Fernseher und sogar der Backofen werden gerne bedient.

So verstellte ein Geist immer die Backofentemperatur auf höher, wenn gerade etwas gebacken wurde. Ein anderer Geist schaltete immer nachts zur exakt der gleichen Zeit den Fernseher ein, vorausgesetzt er war auf Standby-Funktion eingestellt.

Dieser Geist erklärte mir, er sei zu dieser Zeit gestorben und er würde sich damit ablenken. Die Unruhe wäre sehr groß und er müsse sich einfach beschäftigen.

Es war ein junges Mädchen, das an einer Verbrennung starb. Alle Geister, die zur selben Zeit pünktlich spukten, erklärten mir, es sei ihr Todeszeitpunkt. Sie werden dann immer unruhig und versuchen sich von ihrem Schmerz abzulenken. Vielleicht ist das die Ursache von der sogenannten Geisterstunde?

Körperliche Beeinflussung

Geister können stark beeinflussen und ihren Schmerz an „Mitbewohnern" übertragen. So kam es schon vor, dass bei einer Frau ständig die Füße brannten, so wie durch Brennnessel verursacht.

Im Haus war eine Geisterfrau, die einst als Hexe verbrannt wurde. Der Schmerz in den Füßen war bei ihr ständig vorhanden, da es damals das letzte war, was sie fühlte, als sie das Bewusstsein verlor. Unmittelbar nachdem ich den Geist heimführte, hörte bei der Frau das Brennen auf.

Ausgeräumte Sachen

Jemand berichtete mir, dass der Kleiderschrank täglich ausgeräumt wurde. Alles lag wild durcheinander auf dem Boden. Niemand konnte sonst das Zimmer betreten. Ein Geist, ein Junge, versteckte sich in dem Schrank und fühlte sich dort ganz wohl, vorausgesetzt, wenn er sich genügend Platz verschaffte und alles rauswarf. Als ich ihn ins Licht geführt hatte, hörte auch der Spuk auf.

Ähnliches geschah in einem Mädchenzimmer. Wenn die Familie weg war, fanden sie beim Zurückkommen in dem Zimmer des Mädchens ein durchwühltes Bett vor und der Schmuck war ausgeräumt. Niemand hatte in der Zwischenzeit das Haus betreten. Es stellte sich heraus, dass ein Geistermädchen dieses Zimmer nur dann bewohnte, wenn die ganze Familie außer Haus war.

Dieser Geist war im selben Alter wie das Mädchen und sehr scheu. Er zeigte sich also nie vor der Familie. Nachdem ich das Geistermädchen und noch seine Mutter und Tante, die ebenfalls sehr zurückhaltend das Haus bewohnten, ins Licht geführt hatte, hörte das Spuken auf.

Ständige Flüster-Geräusche

Bei einem Haushalt hielten sich sehr viele Geister auf. Die Bewohner berichteten sie immer flüstern zu hören. „Manche strahlen Kälte aus, aber nicht alle. Unangenehm wird es, wenn sie nahe kommen und einen sogar berühren. Sie sitzen bei den Füßen oder sogar auf dem Sofa neben einem und stupsen an oder langen in die Haare.

Manche nehmen einem sogar Energie über das Stirn- oder Kronenchakra. Das spürt man ganz deutlich und es fühlt sich nicht angenehm an!" Alle Geister gingen ohne Probleme und danach erhielt ich die Rückmeldung, dass es so hell auf einmal wäre. Anscheinend bringen so viele Geister auch eine Dunkelheit mit sich. Auch die Luft und Atmosphäre sei so klar geworden!

Suche nach Vergebung

In einem anderen Haus hielten sich auch sehr viele Geister auf. Alle ließen sich von mir führen, bis auf einen. Dieser Geist blieb ganz nah bei einer Frau und berührte sie immer wieder ganz vorsichtig. Sie rief mich an und bat mich um Hilfe. Ich sprach mit dem Geist und ich spürte deutlich, dass die Situation ihm nicht leicht fiel.

Er teilte mir zögerlich mit, dass er vor einigen Jahren, als er noch lebte, dieser Frau etwas angetan hätte. Er habe über sie gerichtet und in seiner damaligen Position ein Urteil über sie ausgesprochen, das ihr viel seelischen Schmerz zugefügt hatte.

Er konnte sich das nicht verzeihen und habe sich wenige Jahre später das Leben genommen. Er möchte ihre Vergebung, um Ruhe zu finden. Die Frau konnte sich an ihn erinnern und war bereit, ihm zu verzeihen. Doch es ergab sich viel vielmehr daraus.

Beide konnten die Zusammenhänge erkennen, warum sie in dieses Opfer- und Täterspiel verwickelt waren. So konnte Heilung und Befreiung auf beiden Seiten stattfinden. Ähnliches habe ich schon oft erlebt und es ist für mich ein Hinweis, weshalb ein Geist noch nicht gehen möchte, obwohl er sich deutlich zu erkennen gibt.

Oft werde ich auch gebeten nach Verstorbenen zu sehen, welche noch in Trauer und Schmerz festgehalten werden. Der Verstorbene zeigt sich noch mal sehr präsent und gibt die Möglichkeit für eine friedliche Verabschiedung.

Es ist ein gegenseitiges bewusstes Loslassen und energetisches Freigeben des Anderen. Es geschieht immer auf beiden Seiten viel Befreiung und Heilung und so kann auch die verstorbene Seele ins Licht gehen.

Das ach so schöne Zuhause

Ein allgemeines Bild ist, sich mit Geistern nicht wohl fühlen zu können. Jedoch berichten viele Menschen mir, sie sehen Geister bei sich zu Hause und können sich ganz gut mit ihnen arrangieren, vorausgesetzt, es gäbe keinen Grund Angst vor ihnen zu haben.

Sie sind glücklich über ihr sehr schönes Zuhause und fühlen sich dort auch sehr wohl. Alles sei also in bester Ordnung und die Geister dürfen bleiben.

Wenn ich darauf hinweise, dass Geister durch Resonanz angezogen werden und in einer meditativen Haltung vieles erkannt und gelöst werden kann, kommt heraus, nicht meditieren und zur Ruhe kommen zu können.

Wie kann sich jemand in den eigenen Wänden wohlfühlen, wenn er nicht abschalten kann? Doch genau das „ach so schöne Zuhause" war in diesem Fall das Resonanzthema zu den Geistern. Sie konnten nach dem Sterben nicht ins Licht, da sie an ihrem Besitz und ihrem höheren Status im Leben festhielten.

Das war ihnen wichtiger als alles andere. Also ziehen sie auch Menschen mit dem gleichen Denken an. Es ist eine unbewusste Identifizierung mit einer Sache.

Jeder andere, der Geister aus einem anderen Grund anzieht, würde sich nicht mehr wohl im eigenen Heim fühlen. Auch schon allein deshalb, dort nicht mehr wirklich loslassen und ankommen zu können. Denn das liegt allein an der Präsenz und Unruhe der vielen Geister.

Große Trauer -
die Toten nicht loslassen können

Oft kommen Menschen auf mich zu, deren liebe Angehörige gestorben sind. Sie sind in großer Trauer und können den Toten nicht loslassen. Mit ihrer Trauer und ihren Gedanken halten die Menschen die Toten hier fest.

Deshalb freuen sie sich, wenn ich mit ihnen in Kontakt trete. Durch meine Unterstützung ist es ihnen möglich, sich von dieser Ebene zu lösen und ihren Weg in ihr lichtes Zuhause zu beschreiten.

Auch bei Tieren erlebe ich das Gleiche. Die Trauer der Menschen macht es ihnen unmöglich weiterzugehen. Auch schmerzhafte Todeserfahrungen tragen ihren Teil dazu bei. Tiere haben kein Ego und können nicht an ihrem Schmerz hängen, aber es ist für sie traumatisierend, gewaltsam aus dem Körper gerissen zu werden. Sei es durch eine Tötung, einen Unfall oder auch die Einschläferungsspritze.

Viele Tierseelen sind alte, langgediente Seelen. Sie haben beim Sterben Erinnerungen an alte, unangenehme Todeserfahrungen, die das Gehen erschweren. So gibt es viele Tierseelen, die sich noch hier aufhalten und auf Erlösung hoffen. Sie verhalten sich jedoch immer unauffällig und ruhig.

Kinder nehmen Geister deutlicher war

In einem Kinderzimmer räumten die Kinder nicht mehr auf und wollten auch nicht mehr darin spielen und schlafen. Die Mutter wandte sich mit der Bitte an mich, doch mal da nachzuschauen. Es war tatsächlich ein Geist im Kinderzimmer.

Es war ein achtjähriger Junge, der dieses Zimmer bewohnte. Und im Keller hielt sich seine Großmutter auf. Ich führte beide ins Licht und teilte der Frau dies und noch Einzelheiten über die Geister mit.

Sie bestätigte mir, im Keller öfters mal eine alte Frau gesehen zu haben, es aber als eine Einbildung abgetan zu haben. Als die Kinder heimkamen, schlug sie vor, zusammen im Kinderzimmer aufzuräumen, damit sie sich hier wieder wohlfühlen können. Daraufhin meinte das jüngere vierjährige Mädchen: „Ja, jetzt ist der Junge auch weg. Er hat zu mir tschüss gesagt und dass er jetzt in Urlaub gehe."

Das hat die Mutter ziemlich verblüfft, da nie etwas über Geister erwähnt wurde. Auch konnte das Mädchen genau beschreiben, wie alt der Junge war und wie er aussah.

Die Beschreibung war identisch mit meiner, die ich ihr kurz zuvor gegeben hatte. Nun, in den Urlaub gehen, bedeutet eigentlich auch wieder zurückzukommen. Jedoch war es einfach nur auf eine, für eine Vierjährige, verständliche Art ausgedrückt, dass er jetzt dahin geht, wo es schön für ihn ist.

Kinder nehmen oft Geister so selbstverständlich wahr und sprechen nur zufällig darüber oder wenn das Thema angesprochen wird.

Auch kommt es häufig vor, dass die Geister sich verabschieden, wenn sie gehen. Bei Geisterkindern sind oft auch noch Angehörige in der Nähe. Sie fühlen sich für das Kind verantwortlich und erst, wenn das Kind Erlösung findet, können sie auch gehen.

Sie geben immer dem Kind den Vortritt. Wenn ich so ein Kind ins Licht geführt habe, frage ich immer noch nach, ob im Hause noch eine verstorbene Seele sich aufhält und bereit ist, zu gehen. Daraufhin melden sich beinahe immer ein oder mehrere Familienangehörige des Kindes.

Kinder, die Geister bei sich zu Hause wahrnehmen, möchten immer, dass sie gehen. Auch wenn die Geister harmlos und zurückhaltend sind, so sind es doch Wesenheiten, die ihre Energien ausstrahlen.

Das ist oft Traurigkeit, Schmerz und Unruhe. Wenn Kinder sich nicht direkt angegriffen und von ihnen bedroht fühlen, so haben sie auch keinen Grund Angst zu haben.

Viele sagen zu ihnen ganz direkt, dass sie gehen sollen und sie werden eher wütend, wenn die Geister nicht darauf eingehen. So scheuchte ein kleines Mädchen allabendlich vor dem Schlafengehen ganz beherzt alle Geister mit einer Fliegenpatsche oder mit anderen Hilfsmitteln aus dem Zimmer.

Geisterbabys

Bei einer Familie hatte das sonst so geliebte Schaukelpferd plötzlich böse Augen und das Kind bestand darauf, es ganz aus dem Hause zu entfernen. Als es weg war, wollte das jüngere Geschwisterkind nicht mehr zum Essen in den Hochstuhl. Auch dieser wurde zuvor sehr gemocht, doch plötzlich schrie das Kleine jedes Mal wie verrückt, wenn die Mutter es reinsetzen wollte.

Auffallend war auch, dass beide Kinder das Bett der Mutter strikt ablehnten. Es war ein einjähriges Geisterbaby, das zuvor das Schaukelpferd und anschließend den Hochstuhl in Besitz nahm. Auch schlief es jede Nacht bei der Mutter im Bett. Es zeigte sich den Kindern mit „bösen" Augen, um sie abzuhalten und sich zu verteidigen. Es waren rote Augen. Ein scheinbar einfacher Trick, den auch schon Geisterbabys beherrschen.

Für mich war es einfach ein Baby, das sich nach einer Mutter sehnte. Die echten Kinder der Mutter waren seine Konkurrenz, gegen die es sich verteidigte. Das ist wirklich eine schlimme Situation für die echten Kinder. Der Geist teilte mir mit, im Krankenhaus gestorben zu sein. Er war dort dann auf der Suche nach einer Mutter. Er ging mit der jungen Frau nach der Geburt ihres zweiten Kindes einfach mit nach Hause.

Im Nachhinein stellte sich noch folgendes heraus: Als der Geist weg war, bewegten sich die Kinder auch wieder frei und unbeschwert in der

ganzen Wohnung. Denn zuvor wurden sie oft un-
verhofft von dem Geist erschreckt und rannten
schreiend zur Mutter. Schließlich wagten sie sich
gar nicht mehr alleine in ein Zimmer zu gehen.

Der Familie fiel auch auf, dass zu dieser Zeit die
Stromrechnung enorm in die Höhe ging. Ein
Messgerät am Kühlschrank zeigte einen hohen
Stromverbrauch immer in den Nächten, wenn der
Ehemann zu Hause war. Die Antwort des Geistes
klang für mich logisch: Der Geist schlief immer bei
der Frau im Bett, also immer, wenn der Mann auf
Montage war, was ungefähr an fünf Tagen in der
Woche vorkam.

Das Geisterbaby wollte mit seiner Ersatzmutter
alleine schlafen und sie nicht teilen. Wenn nun
der Mann zu Hause schlief, fühlte sich der Geist
verdrängt und tröstete sich am Kühlschrank in
der Küche. Es öffnete die Tür und erfreute sich
am Licht und den Gerüchen der Lebensmittel.

Vermisste Gegenstände

Eine Familie musizierte gerne zusammen. Nach
dem gespielten Stück kam es häufig vor, dass der
Geist noch alleine ein paar Töne auf dem Klavier
nachklingen ließ. Es wurde eine Schamanin be-
auftragt, das Haus auszuräuchern und den Geist
zu vertreiben. Danach war auch tatsächlich im
Hause wieder Ruhe. Doch es verschwanden jetzt
auffallend oft Gegenstände aus dem Haus, sogar
ein neuer Hausschuh wurde vermisst.

Durch einen Zufall wurde jedoch bemerkt, dass diese Sachen alle im Garten in einem Baum versteckt waren. Als ich danach schaute, stellte sich heraus, dass da einige Geister im Garten in den Bäumen wohnten.

Sie teilten mir mit, verjagt worden zu sein und sie warteten nun eben, bis sich der energetische Bann gelegt habe und sie wieder ganz ins Haus einziehen könnten. Bis dahin machen sie immer heimlich kurze Besuche, um die Energien zu prüfen und zum Trost natürlich etwas mitzunehmen. Sie freuten sich alle auf die Möglichkeit, nun in ihr echtes Zuhause gehen zu können.

Allerlei Unfug

Auch bei einem anderen Haushalt liebte der Geist die neuen bunten Hausschuhe der Hausfrau sofort. Beim Hinsetzen schlüpfte sie aus einem kurz heraus und plötzlich war er weg! Er war nirgendwo in der ganzen Wohnung mehr auffindbar.

Als sie ein paar Tage später in den Keller zum Waschraum ging, fand sie ihren fehlenden Schuh auf der Waschmaschine! Ihr Mann war auf Geschäftsreise und die Kinder noch zu klein, um alleine in den Keller zu gehen. Auch war zu dieser Zeit kein Besuch da.

Es konnte sich also wirklich niemand einen Scherz erlaubt haben. Mit dem Schuh trat der Geist wieder in die Wohnung ein und trieb dort noch allerlei Unfug. Das kleine Krabbelkind der

Familie ging immer gerne zur Toilette und nahm die WC-Bürste. Also stellte die Mutter sie erst einmal auf den Fenstersims nach oben.

Doch als sie wiederkam, war die Bürste wieder unten. Das wiederholte sich einige Male. Mit der Fernbedienung des Fernsehers war es das Gleiche. Sie wurde vor dem Kind auf das obere Regal in Sicherheit gebracht. Doch keine fünf Minuten später hatte das Kleine ganz glücklich die Fernbedienung in den Händen! Dabei war die Mutter mit dem Kind alleine.

Niemand konnte das also gewesen sein. Ja, das sind diese Fälle, bei denen man zuerst am eigenen Verstand zweifelt. Wenn es sich jedoch so oft wiederholt, bleibt einem wohl nichts anderes übrig, als an einen Geist zu glauben. Nun kannte diese Frau mich und fragte mich dann schließlich, ob ich da was machen könne. Der Geist war sofort da und ganz erleichtert. Er erhoffte sich durch sein auffälliges Verhalten, dass die Frau sich an mich wenden würde. Es war mir eine Ehre, dieses jugendliche Geisterkind ins Licht zu begleiten.

Persönliche Erkenntnisse

Durch dieses Erlebnis wurde mir so einiges klar. Der Geist kannte mich also und wusste, dass ich ihm helfen kann. Er suchte nur nach einer Möglichkeit, den Kontakt zu mir herzustellen. Das wurde mir seit dem Ereignis bei allen lauten und extrem auf sich aufmerksam machenden Geistern bewusst. Sie bestätigten mir alle, schon ganz ungeduldig auf mich gewartet zu haben.

So wuchs in mir der Wunsch, vielen dieser Seelen helfen zu können. Denn meine bisherige Arbeitsweise war ja die, dass ich einzelne Aufträge bekam. Zu diesen nahm ich mir auch die Zeit, den Geist nach Details zu befragen und nach der Heimführung ein Gespräch mit den Auftraggebern zu führen. Ich machte das sehr gerne und ich lernte dadurch auch viel, jedoch war es zeitaufwändig und oft hatte ich einige Aufträge täglich.

Dazu kam, dass zunehmend mehr Geister mich baten, dafür keinen finanziellen Ausgleich von den Auftraggebern anzunehmen. Es sei ihnen unangenehm, da sie ohnehin schon so viele Unannehmlichkeiten gebracht haben und letztendlich dankbar sind, nun endlich ins Licht gehen zu können. Sie meinten wie einfach es wäre, wenn die Menschen nur die Bitte an mich aussprechen, also somit den Auftrag an mich mit ihrer Absicht geben und die nötige Verbindung von mir zu ihnen, den Geistern wäre hergestellt.

Dazu nehme ich mir einmal täglich die Zeit, diese Geister zu rufen, für welche dieser Auftrag ausgesendet wurde. Ich war begeistert, wie einfach und leicht das funktionierte. Ja, es sind seitdem viel mehr Geister auf einmal da und manchmal teilen sie sich in kleine Grüppchen auf, wie sie energetisch gut zusammenpassen. Aber auch ihre Dankbarkeit vervielfacht sich dadurch und das ist für mich der schönste Ausgleich.

Die Geister machten mir auch Mut, einige meiner bisherigen Erlebnisse mit ihnen für ein Buch aufzuschreiben. So habe ich beim Schreiben das Gefühl, dass sie alle bei mir sind, und sicher sind ihre jetzt so lichtvollen Energien für die Leser spürbar. Es sind diejenigen, welche einst Menschen waren und jetzt, nach einer langen Zeit des Geisterlebens auf Erden, sich in ihrer lichten Dimension befinden.

Seelen im Licht

Auch da sind sie für uns energetisch zugänglich und gerne bereit, uns zu helfen. So erreichte mich eine öffentlich bekannte Person während des Sterbens energetisch. Ich half ihr ins Licht und sie teilte mir dankbar mit, dass sie jetzt so viel mehr erreichen und für die Menschen bewirken könne, als auf Erden. Wohl können wir noch nicht ermessen, wie umfangreich der Wirkungsgrad einer Seele im Licht ist.

Diese Person kannte ich nie persönlich, jedoch war sie mir bekannt und deshalb konnte sie den Kontakt zu mir herstellen. Sie hatte den Wunsch, sobald sie sich vom Körper löste, sofort ins Licht zu gehen und bat mich um Unterstützung, da ihre engsten Angehörigen bereits schockiert und verzweifelt waren, und sie so energetisch am Weitergehen hindern konnten. Sie befand sich längst im Licht als ihr Tod öffentlich bekanntgegeben wurde und somit Entsetzen und eine Massentrauer auslöste.

Diese Energien konnten ihr jetzt nichts mehr
anhaben. Im Gegenteil, sie konnte sogar tröstend
für die Trauernden mit ihrem ganzen Licht da sein.
Ich hatte noch einige Erlebnisse dieser Art von
mehr oder weniger bekannten Personen des öffent-
lichen Lebens. Alle habe ich zeitlebens gemocht
und geschätzt. Deshalb konnten sie mich sofort erreichen. Viele andere waren für mich bei der öf-
fentlichen Todesbekanntgabe, wie im Fernsehen,
spürbar und präsent. Auch da war es mir immer
eine große Freude diese Seelen zu begleiten.

Ein Bezugspunkt ist nötig für eine Verbindung zu mir

Auch wenn in den Nachrichten von Kriegs- oder
Katastrophengebieten oder Unfällen berichtet wird,
wo Menschen sterben, spüre ich oftmals diese Seelen sofort und kann ihnen unmittelbar helfen,
gleichgültig, wo auf Erden und in welcher Entfer-
nung sie lebten, bzw. das Unglück stattfand.

Wenn ich von so einer Nachricht erfahre, können die Geister auch mit mir in Kontakt treten.
Wenn ich sie spüre, ist der Kontakt schon hergestellt und alles kann sehr schnell gehen. Jedoch ist
es sonst für sie nicht möglich alleine diese Strecke
zurückzulegen und zu mir zu kommen.

Nur wenn ich auf sie aufmerksam werde durch
einen Bezugspunkt, wie eben die Nachrichten,
kann die Verbindung sofort hergestellt werden.
Bei Verstorbenen oder Sterbenden in meiner un-

mittelbaren Umgebung können diese Seelen auch alleine zu mir „wandern". Dazu muss ich sie nicht kennen. Ich spüre ihre Anwesenheit und ihre Bitte um Hilfe. Sie sagen, ihre Bitte um Hilfe beim Gehen, habe sie zu mir geführt.

Ich habe festgestellt, dass alle Geister allgemein sich nicht gerne und auch nicht weit von ihrer Todesstelle wegbewegen. Manche gehen in ihr nahes Zuhause, wenn sie außerhalb gestorben sind. Oder sie hängen sich an einen Angehörigen um mitgenommen zu werden.

Viele bleiben bei ihrem Körper und hoffen, ihn wieder bewohnen zu können. Deshalb sind auch so viele Geister auf den Friedhöfen. Natürlich merken sie sehr bald, dass ihr Körper zerfällt und sie nicht mehr zurückkönnen. Sie bleiben weiterhin in der Nähe ihres Grabes, außer sie spüren eine Resonanz ihrer Muster und Ihres Schmerzes bei den Bewohnern von nah gelegenen Häusern.

Die meisten jedoch bleiben einfach an Ort und Stelle wo sie gestorben sind, weil sie sich dort aus dem Körper gelöst haben und einsehen, nicht mehr zurückgehen zu können.

Manche brauchen auch länger, um ganz aus ihrem Körper zu gehen. Aber spätestens nach drei Tagen ist dieser Vorgang abgeschlossen. Deshalb finden die Beerdigungen auch erst nach der Drei-Tages-Frist statt.

Bei Verbrennungen weiß die Seele endgültig, keinen Körper mehr zu haben und kann auch an diesem nicht mehr hängen. Vielleicht fällt es so einer Seele leichter, bewusst den Weg ins Licht zu wählen.

Wir müssen ja davon ausgehen, dass der „normale" Weg der ist, sofort nach dem Verlassen des Körpers, spätestens jedoch nach der Beerdigung oder Trauerfeier, alleine ins Licht zu gehen.

Es ist eigentlich eine Ausnahme, wenn eine Seele dies nicht kann. Jedoch sind zurzeit so viele Seelen davon betroffen, da sie sogenannte alte Seelen sind. Sie hatten schon viele Inkarnationen auf der Erde und mit jedem schmerzhaften Todeserlebnis fällt es ihnen zunehmend schwerer, sich von ihren Schmerzen zu distanzieren, um somit in Frieden gehen zu können.

Schlafen nicht möglich

In einem neu gebauten Haus konnte das Baby in seinem Zimmer nicht schlafen. Es wachte beinahe stündlich schreiend auf und brauchte wiederum eine Stunde bis es sich wieder beruhigte. Das ging von der Geburt an so bis die Mutter mich fragte, als das Kind 8 Monate alt war. Tagsüber beim Spazierengehen schlief das Kleine im Kinderwagen immer ganz gut.

Beim Nachfragen stellte sich heraus, dass zuvor an diesem Platz ein altes Krankenhaus gestanden habe, dass abgerissen wurde. Als ich nach den Geistern schaute, hielten sich sehr viele Geisterkinder in dem Kinderzimmer auf und drängelten sich nachts auch in das Bettchen. So hatte das Baby natürlich keine

Ruhe zum Schlafen und wurde garantiert auch von den Geistern geweckt und geärgert.

Friedhof oder ähnliche Plätze in der Nähe

Viele berichten von Geistern, wenn sie direkt neben einem Friedhof wohnen oder sich in unmittelbarer Nähe ein Platz befindet, von dem bekannt ist, dass da viele Menschen gestorben sind. Doch auch da können die Geister nur zu einem kommen, sofern auch Resonanz zu ihnen besteht. Oft sind es ähnliche oder gleiche Schmerzmuster, die Mensch und Geist in sich tragen. Der Geist fühlt sich dorthin angezogen.

Die wenigsten kommen, um jemand zu schaden oder zu ärgern. Sie berichten vielmehr darüber, dass sie nicht anders konnten und es ihnen leid tue. Natürlich ist die Anziehung an einem Ort an dem es viele Tote gibt, stärker als woanders. Diese Menschen ziehen dort extrem viele Geister an. Selbst wenn das Haus gereinigt wurde und alle im Licht sind, können am nächsten Tag schon wieder Neue da sein.

Trotzdem muss man deshalb nicht ausziehen. Denn wenn keine Resonanz da wäre, würden auch keine Geister angezogen werden. Nicht mal an diesen Gegenden, an denen sich so viele Verstorbene aufhalten. Sie würden dann für einen einfach nicht existieren.

Kinder ziehen selber keine Geister an, sondern das geschieht durch die Eltern und die Erwachsenen des Hauses. Wenn ein Geist einmal da ist, bewegt er sich auch gerne frei in allen Räumen. Kinder können sich auch von den Schwingungen der Erwachsenen nicht abgrenzen. Sie nehmen also diese Energien an und spüren sie auch. Insofern können sich die Geister ihnen auch nähern.

Keine Resonanz zu den Schmerzmustern

Bei mir verhält es sich so, dass ich tatsächlich noch nie einem Spukgeist „begegnet" bin. Ich nehme sie nur dann wahr, wenn sie auch meine Hilfe annehmen möchten. Sie kommen auf mich zu und zeigen sich mir bewusst, als Seelen, die um meine Hilfe bitten. Ich sehe sie in keiner anderen Form, da ich keine Resonanz zu ihren Mustern habe.

Dies teilten mir die Geister mit; wenn ich sie als Spukgeister sehen würde und also Resonanz zu ihren Schmerzmustern hätte, könnte ich ihnen niemals helfen. Denn dann würde ich mich in ihrer Gegenwart unbehaglich fühlen und sogar Angst vor ihnen haben. Deshalb funktioniert es auch nicht, in diesem Zustand die Engel des Lichtes und des Übergangs für die Geister zu rufen und sie zu bitten, sie ins Licht zu begleiten. Denn diese Engel können durch die Angstenergien nicht wirken.

Dabei trage ich durchaus noch viele Muster in mir und sehe meine Entwicklung bei weitem noch nicht als abgeschlossen. Ich kann es mir nur so erklären, dass ich eben allein die typischen Muster der Geister, die ja auch darauf begründen, weshalb sie nicht von der physischen Welt loslassen können, entweder sehr abgeschwächt, oder überhaupt nicht in mir trage.

So verhält es sich auch, wenn in einem Haushalt eine Person die Geister sehr stark wahrnimmt und eine andere überhaupt nicht. Obwohl die Geister in großer Zahl da sind, existieren sie für denjenigen, der keine Resonanz zu ihnen hat, überhaupt nicht. Würde diese Person alleine leben, wären dort mit Sicherheit auch keine Geister. Die Anziehung liegt da also nur bei der einer Person.

Wenn man also immer wieder neue Geister anzieht, ist es sinnvoll, diese Resonanz zu ihnen zu lösen. Das ist ein Entwicklungsprozess, der seine Zeit braucht. Ich habe festgestellt, dass schon eine stille Meditation, ein in sich kehren, dabei sehr hilfreich ist. Es ist der Kontakt mit dem inneren Selbst, der beständig alle Blockaden und unbewussten, bindenden Muster aufzulösen vermag.

Auch wenn ich mit den Geistern arbeite, bin ich in diesem Selbst. Allein diese Präsenz gibt den Seelen die nötige Heilung, um in Frieden ins Licht gehen zu können. Es ist eine meditative Haltung, frei von jeglichem Tun. Ich bin dabei einfach nur bei mir. Diese Schwingung bewirkt bei den Seelen den nötigen Frieden, um von allen Bindungen loszulassen.

Besetzungen - Können Geister auch in Menschen gehen?

Besetzungen verstehen

Wenn verstorbene Seelen sich sehr stark vom gleichen Schmerzmuster eines Menschen anziehen lassen, dann gehen sie oft direkt in den Körper des Menschen.

Dann sind es keine Geister mehr, sondern wir sprechen dann von Besetzungen. Diese Anziehung erfolgt ausschließlich durch Resonanz, wobei die Seele erhofft, Heilung zu finden.

Dies geschieht wiederum nur, wenn der Mensch seine, meist unbewussten, Schmerzmuster heilt. Damit dieser Prozess sich beschleunigt, verstärkt die Besetzung diese Muster, um sie sichtbar zu machen. Das geschieht von der Besetzung nicht bewusst, sondern es liegt einfach daran, dass zwei Seelen mit den gleichen Mustern sich durch den gleichen Körper ausdrücken.

Das verstärkt die Emotionen in gewissen auslösenden Situationen enorm. Dies ist gewöhnlich so stark, dass der Mensch sich selber in diesen Situationen nicht mehr versteht. Er findet es selber oft nicht mehr begründet, so stark reagiert zu haben. Ein Gefühl von sich nicht mehr unter Kontrolle zu haben, entsteht. Man ist sich selber fremd.

Diese Menschen finden auch selten Ruhe, weder im Schlaf noch tagsüber durch die fremden Gedanken, die noch zusätzlich da sind. Denn eine Besetzung braucht keinen Schlaf. Sie kreist gerne immer die gleichen Gedanken, um eine Lösung zu den aktuellen Themen zu finden. Das raubt Energie und lässt schneller altern.

Auch die Veranlagung und Tendenz zu Krankheiten können durch eine Besetzung verstärkt werden. So habe ich bei an Krebs erkrankten Personen auch immer eine oder sogar mehrere Besetzungen wahrgenommen. Selbst wenn es soweit kommt, erhofft die Besetzung sich davon Heilung. In vielen Fällen entsteht dadurch auch tatsächlich ein Umdenken und die Bereitschaft das eigene Leben neu zu betrachten.

Dies ist oft ausreichend, damit die Besetzung gehen kann. Die Heilung geschieht also nicht dadurch, weil die Besetzung weg ist, sondern weil Mensch und Besetzung ihre Muster transformieren konnten. Die besetzte Seele ist dadurch frei und kann ihren Weg ins Licht alleine beschreiten. Auch wird der Mensch keine weiteren Wesenheiten durch diese Muster anziehen, da sie ja nicht mehr existieren.

Natürlich muss es nicht erst zu einer Krankheit kommen, damit ein Umdenken geschehen kann. Auch jede kleine Herausforderung im Alltag ist dazu geeignet, um sich seine bisherige Lebenseinstellung bewusst zu machen, damit daraus ein bewusstes Agieren, anstatt dem bisherigen unbewussten Reagieren, entstehen kann. Die Voraussetzung für so eine bewusste Handlung liegt im vorherigen Akzeptieren und Annehmen des Schmerzes, der die bindenden Glaubensmuster erschaffen hat. Dazu ist es sinnvoll, zu wissen, wie diese Glaubensmuster entstehen konnten.

Abgespaltene Seelenanteile

Eine körperlose Seele und eine physische Seele können sich nur dann anziehen, wenn bei beiden zu wenige Seelenanteile integriert sind. Wenn großer Schmerz erfahren und dabei der Seele kein Trost und Halt gegeben wird, können sich Seelenanteile abspalten. Das Erlebte geht mit dem unerträglichen Schmerz ins Unbewusste. Dabei entsteht ein bindendes Glaubensmuster.

Dieser Schmerz kann beim Sterben so gegenwärtig sein, dass die Seele anstatt ihn loszulassen um somit die eigene Heilung zu erreichen, um weiter den Weg nach Hause beschreiten zu können, ihn bewertet und sich somit damit identifiziert. Die Seele hängt sozusagen am eigenen Schmerz und ist nicht bereit, von den geistigen Helfern Hilfe anzunehmen. Sie kann ihren physischen Tod nicht akzeptieren.

Das Grundmuster dieser Schmerzen beruht auf Haltlosigkeit und Einsamkeit. Es ist das, was während der damaligen Seelenabspaltung erfahren wurde, als kein Trost und keine Geborgenheit gegeben wurden. So ist es nur selbstverständlich, dass

eine solche Seele mit dem Wunsch nach Halt und
Trost mit einer menschlichen Seele in Resonanz
geht, die ähnliches erlebt hat. Sie erhofft sich auch
Heilung durch die menschliche Seele und deren
Erfahrungen.

Da der eigene Schmerz durch eine Besetzung verstärkt wird, wird er somit auch deutlich gemacht. Die
Chance liegt nun darin, den Schmerz zu akzeptieren,
sozusagen sich zu ergeben und ihn nicht mehr als negativ zu betrachten. Mit dieser Einstellung können
die abgespaltenen Seelenanteile wieder zurückkommen. Sie kommen jedoch immer mit dem gleichen
Schmerz, mit dem sie auch gegangen sind. Es braucht
somit viel Verständnis und Liebe für sich selber, um
diese Transformation zulassen zu können.

Erst danach tun sich neue Erkenntnisse auf,
denn die neuen, transformierten Muster, möchten
auch gelebt werden. Die Besetzung hat dabei die
Möglichkeit, selber Heilung zu erfahren und kann
den Weg nach Hause gehen. Aber auch wenn sie
noch nicht bereit für eine Heilung ist, wird sie sich
von der menschlichen Seele lösen müssen, da nun
keine Resonanz mehr existiert. In diesem Fall wird
sie auf die Suche nach einer anderen menschlichen Seele gehen.

Besetzungen zeigen sich mir

Wenn ich mit einem Menschen in Kontakt kom-
me, der eine Besetzung hat, die bereit ist zu gehen,
dann zeigt sich diese Besetzung mir und bittet mich

um Hilfe. Es verhält sich für mich dabei genauso wie
mit den Geistern. Wenn sie bereit sind zu gehen,
kommen sie zu mir. Ich gehe dabei schon automa-
tisch in eine meditative Haltung, wobei die Seelen
zuerst eine Unterstützung für die Transformation
ihrer Muster zu erfahren.

Anschließend kann die Seele entweder alleine
den Weg ins Licht beschreiten, oder sie bittet um
meine Begleitung. Es braucht für die Transformation der Resonanzmuster nur die Weite des Her-
zens und die Präsenz im Jetzt, um alles annehmen
und betrachten zu können was ist. Bei den Besetzungen und auch den Geistern kann diese Heilung
sich oft augenblicklich vollziehen. Mit der nötigen
Hingabe ist das für uns Menschen auch möglich,
doch in der Regel durchleben wir dazu eher einen
längeren Entwicklungsprozess.

Wenn eine Besetzung gegangen ist, tritt ein gro-
ßes Gefühl der Befreiung und Erleichterung ein.
Viele berichten, dass sie nun richtig tief durchat-
men können. Es ist mehr Zentriertheit und Ruhe
da. Sie können nachts wieder durchschlafen und
fühlen sich insgesamt frischer und wieder mehr sie
selbst. Oft gehen mit der Besetzung auch lästige
Angewohnheiten, die demnach eine Eigenheit der
Besetzung waren und nicht die eigene.

Eigenheiten und Talente

Wir dürfen uns das so vorstellen, dass durch eine
Besetzung alle Eigenheiten, aber auch Talente,

durch uns ausgedrückt werden können. So konnte eine junge Frau plötzlich mit Leichtigkeit Akkordeon spielen. Es war immer ihr Wunsch. Sie nahm es also öfters zur Hand, doch hatte sie scheinbar kein Talent dazu. Das änderte sich schlagartig an einem Tag, an dem sie auch eine fremde Wesenheit in sich spürte.

Sie ließ sich von der Wesenheit führen und unterrichten und beherrschte das Spielen auf dem Instrument sehr schnell. Sie kam auf mich zu und sagte, dass sie gerne von der Besetzung befreit sein würde, aber andererseits dieses Talent zum Spielen nicht verlieren möchte. Denn wenn das so wäre, würde sie lieber den Kompromiss eingehen und die Besetzung behalten. Um das zu klären, sprach ich die Besetzung direkt an. Es war eine ältere Frau, die zeitlebens mit großer Leidenschaft Akkordeon spielte.

Sie teilte mir mit, dass sie ihrem Gast lediglich einen intensiven Unterricht erteilte und das Gelernte würde sie nie verlieren. Der Geist wollte aus dieser Verkörperung gehen und den Weg nach Hause antreten und freute sich, seinem Gast auch etwas Positives gegeben zu haben.

Und tatsächlich spürte die junge Frau nach dem Gehen der Besetzung eine große Befreiung, die Fähigkeit, das Akkordeon zu spielen blieb jedoch unverändert.

Die Besetzung kam aber nicht, um ihrem Gast das Talent zum Spielen zu vermitteln, denn das war eher ein angenehmer Nebeneffekt. Der Grund ihrer Anziehung war wie bei allen Geistern und auch Besetzungen, reine Resonanz zu den gleichen Mustern.

Besetzung gleichzeitig in mehreren Personen

Eine Besetzung kann sich auch gleichzeitig in mehreren Personen aufhalten. Diese Erfahrung machte ich zum ersten Mal, als ich eine Besetzung bei einer Frau nahm, diese aber nicht ins Licht gehen konnte. Sie zeigte sich mir als eine junge Frau und teilte mir mit, den Vater der Familie gut zu kennen, die anderen Familienmitglieder kannten sie jedoch nicht persönlich. Auch sei sie noch in zwei weiteren Körpern und hätte nicht die Kraft sich jetzt spontan davon zu lösen.

Also fragte ich bei der Frau nach, die sofort spürte, dass die Besetzung von ihr weg war. Sie fühlte sich sehr befreit und erleichtert. Sie wusste sofort die Zusammenhänge und mit Hilfe des Geistes konnten wir alles klären. Der Geist war eine Freundin des Vaters, der sich letztendlich für die Mutter entschieden hatte. Sie nahm sich das Leben und besetzte den Vater.

Viele Jahre später starb der Vater an Krebs. Noch vor dem Sterben hielten die Tochter und die Mutter (seine Frau), ihn in den Armen. Ab da ist die Besetzung in beide übergegangen, da sie sich ja einen neuen Gast suchen musste und bei einer Person die Ausprägung der Muster nicht stark genug war, entschied sie sich, sich aufzuteilen. Ab da sind beide extrem gealtert.

Sie berichteten innerhalb von drei Tagen graue Haare bekommen zu haben. Auch haben sie sich sehr schwach und kraftlos gefühlt und konnten den Tod des Vaters nicht überwinden. Der Tod war nun schon sieben Jahre her und trotzdem war die Trauer täglich präsent. Das war beiden unerklärlich, da sie einen ganz normalen Bezug zu ihm hatten und seinen Tod eigentlich akzeptieren konnten. Auch war beiden aufgefallen, dass sie immer zur gleichen Zeit dieselben starken Emotionen hatten, obwohl sie entfernt voneinander wohnten.

Es drückte sich oft unerklärliche Wut und Verzweiflung aus, was ihnen Angst bereitete. Die Tochter bekam zwei Jahre nach dem Tod des Vaters ein Kind und die Besetzung ging auch mit einem Anteil in das Kind über. Mit diesem Wissen startete ich einen zweiten Versuch, bei dem alles ganz leicht und schnell lief. Zuerst lösten sich die einzelnen Anteile aus den Körpern und fügten sich anschließend zu einem Ganzen zusammen.

Dabei war unglaublich viel Energie und Kraft zu spüren und als die Seele letztendlich ins Licht ging, war die Freude und Dankbarkeit unbeschreiblich. Dies erlebte ich bei allen Besetzungen, die sich aufgeteilt hatten. Sie berichten von der Kraft, sich wieder als Ganzes zu erfahren. Die zwei Frauen und das Kind fühlten sich danach sehr befreit und empfanden sofort mehr Leichtigkeit und Lebensfreude.

Teilzeit-Besetzungen

Manche spüren eine Besetzung sogar so stark, als wenn jemand zweites in ihnen wohnen würde. Von manchen wurde mir erklärt, noch ein zweites Herz schlagen zu hören. Auch kleine körperliche Ausbeulungen können vorkommen, wenn der Geist innerlich sich stark bemerkbar macht. Einige spüren einen Geist nahe bei sich und wie er in den Körper geht, dort für eine Zeit verweilt und letztendlich wieder rausgeht.

Dies ist bei jemand allabendlich auf dem Sofa geschehen. Ich fragte den Geist ob er sich nicht entscheiden könne oder ob er nur so intensiv auf sich aufmerksam machen möchte. Er meinte, es würde beides zutreffen. Manche Geister spüren eine starke Resonanz, so dass sie sehr nahe an den Körper rankommen können. Es ist ein Austesten, ob sie sich dann letztendlich auch im Körper halten können. Dieser Geist gab einfach nicht auf. Die Resonanz reichte zwar für einen Geist mit direkter Nähe aus, aber nicht für eine längere Besetzung.

Menschliche Besetzung von Tiere

Eine Familie zog in eine neue Wohnung um, und danach wurde ihre Katze so seltsam. Die Katze gehörte eigentlich der Frau und sie hing sehr an ihr. Doch nun hatte sie beinahe Angst vor ihr und sie fühlte sich in ihrer Gegenwart sehr unwohl. Sie meinte, die ganze Ausstrahlung des Tie-

res sei eine andere. Auch war das sonst so saubere
Tier nun nicht mehr stubenrein.

Beim nächsten Urlaub durfte die Katze zur Nachbarin. Da gab es keine Probleme, sie war reinlich
und die Nachbarin mochte das Tier. Sie durfte
dort nun für immer bleiben. Nur wenn die Nachbarin verreiste kam die Katze zu ihrer alten Familie zurück und war augenblicklich wieder unrein
und die Frau fand sie unveränderlich bedrohlich.
Das ging viele Jahre so und das Tier wurde alt
und kränklich.

Die Frau kam mit der Bitte auf mich zu, doch
mal nach der Katze zu schauen. Es zeigte sich eine
Besetzung bei dem Tier und zwar eine menschliche Seele! Es war der Vormieter der Wohnung.
Ein älterer Mann, der bis zu seinem Tod in dieser
Wohnung lebte. Er ging als Geist in starker Resonanz mit der Frau. Jedoch nicht stark genug für
eine Besetzung bei ihr. Dennoch wollte er eine
Verkörperung eingehen um sich direkter dadurch
in Bezug auf die Frau auszudrücken.

Die von der Frau so sehr geliebte Katze war dafür ideal. Jedoch war das Tier dadurch auch über-
lastet und nicht mehr stubenrein, wenn sich der
Geist in Resonanz zu der Frau sich durch es ausdrückte. Das war vor dem Sterben auch eine
Schwäche des Mannes. Zu der Nachbarin hatte er
keine Resonanz, deshalb war das Tier auch ganz
normal bei ihr.

Er war zwar die ganze Zeit in dem Tier, aber lebte durch es jedoch nur bei der Nachmieterin. Als

er im Licht war, konnte die Frau ihre Katze wieder als ihre „Alte" wahrnehmen. Sie schaute sie wieder ganz lieb und friedlich an und es war wieder schön, sie zu streicheln.

Dieses und ähnliche Ereignisse, bei denen gerade bei Katzen sich mir menschliche Besetzungen zeigten, warfen einige Fragen in mir auf. So konnte ich für meine bisherigen Erfahrungen auch schlüssige Antworten erhalten. Anscheinend können Tiere nicht besetzen, da sie keinen freien Willen haben. Es gibt jedoch Tiere als Geister, überwiegend aus dem Grund der menschlichen Trauer. Sie verhalten sich jedoch immer zurückgezogen und unauffällig.

So warten sie, bis die Trauerenergien abgeklungen sind. Sie unterstützen uns Menschen dabei in unseren Prozessen und geben uns die Möglichkeit unseren Verlustschmerz auszudrücken und zu heilen. Solange sie noch als Seele da sind, sind sie für uns gegenwärtiger. Erst wenn wir damit abschließen können, ist Heilung eingetreten und die Tierseele ist frei. Diese Tiere haben sich dafür bereit erklärt, uns für unsere Entwicklung zu dienen. Sie sind dabei sehr geduldig.

Eine menschliche Besetzung ist bei allen Haustieren, die ja dem Menschen dienen, möglich. Jedoch sind Katzen dafür geeigneter und erklären sich auch eher dazu bereit. Im Vergleich zu einem Hund kann sich eine Katze besser von der Bezugsperson distanzieren, somit ist es für sie weniger belastend.

Eine menschliche Seele, ein sogenannter Geist, kann keine Resonanz zu einem Tier haben. Das Tier stimmt dem als Liebesdienst für den Menschen freiwillig zu. Letztendlich dient alles der Weiterentwicklung.

Die Besetzung lernt also nicht durch das Tier, sondern durch die ursprüngliche Hauptbezugsperson des Tieres. Das geschieht, indem sie zu den Resonanzthemen des Menschen Grenzbereiche aufzeigt. Die Hoffnung liegt in der Heilung dieser wunden Themen, um selber auch zu lernen und Erlösung zu finden.

Bewusste Chance zur Weiterentwicklung

Wenn jemand starke Resonanzmuster zu Geistern hat und diese somit in großer Zahl anzieht, kommt er nicht umhin, sich seine Emotionen anzuschauen. Nicht zuletzt deshalb, weil sie ja durch die Geister ständig verstärkt werden. Es geht dabei auch um tiefsitzende, unbewusste Ängste. Wenn man Angst vor den Geistern hat, oder sich sogar von ihnen bedroht fühlt, liegt es nahe, sich seine eigenen inneren Ängste anzuschauen.

Denn sie werden uns von den Geistern gespiegelt. Jedes bindende Muster beruht auf Angst, auch wenn es sich für uns nicht immer so deutlich zeigt. Es hat auch mit dem Glauben zu tun, unwert zu sein für all das Schöne im Leben. Wir haben also immer die Möglichkeit uns nicht einfach aus Gewohnheit als Opfer zu fühlen, wenn wir Geister haben, sondern das als bewusste Chance zur Weiterentwicklung zu sehen.

Welche Emotionen rufen die Geister in mir hervor? Wie fühle ich mich in ihrer Gegenwart? Unfrei, eingeengt, ständig beobachtet, oder sogar belästigt, bedroht, eingeschüchtert? Wie auch immer wir es individuell empfinden, es ist das, was wir in uns tragen. So können wir uns fragen, wo wir uns selber keine Freiheit gönnen, uns einen-

gen oder uns zu sehr kontrollieren und meinen
auf uns selber ein Auge werfen zu müssen.

Wir trauen uns also selber nicht zu, frei zu sein.
Sind wir bereit, das bewusst anzuschauen? Sind
wir bereit, für die Transformation dieser Muster?
Wenn wir darum bitten, dies zu erkennen und
uns dazu erklären, bereit für unsere Heilung zu
sein, haben wir alles für die bewusste Transformation in die Wege geleitet.

Jetzt braucht es nur noch die positive Ausrich-
tung. Dabei ist es sinnvoll, zu unseren individuellen Mustern, wie z.B. sich unfrei fühlen, eine positive und in der Gegenwart ausgedrückte Affirma-
tion anzuwenden, wie: ich bin frei; ich bin im
Vertrauen und gebe mir die Freiheit, mich auszudrücken; ich bin immer richtig und habe Freude am Leben, usw.

Viele bemerken nach dieser Vorgehensweise,
dass durchaus noch einige Geister da sind, aber der
Umgang mit ihnen sich stark verändert hat. Wo
vorher Angst und Einengung da war, erlebt man
nun diese Gäste nicht mehr so negativ. Da ist nun
die Bereitschaft, die Geister auch mal zu betrachten und zu beobachten. Einerseits kann besser hin-
geschaut werden, andererseits ist auch mehr Abstand da, der alles mit mehr Leichtigkeit betrachten kann.

Die starken Ängste sind weg und das ist schon
ein großartiger Schritt, der gegangen wurde. Nun
überträgt sich das auch auf das alltägliche Leben.
Kleine Wünsche können sich erfüllen, die zuvor

unmöglich erschienen. Die vermehrte Freiheit drückt sich in allen Lebensbereichen aus. Auch eine größere Bewusstheit ist nun da, die besagt, erst wenn ich die Resonanz zu den Geistern auflöse, können sie letztendlich alle gehen.

Und solange sie noch da sind, kann ich sie als wertvolle Spiegelungen sehen. Ja, bei manchen erwächst daraus schon ein fast freundschaftliches Verhältnis.

Es begeistert, bewusst zusammen das Gleiche zu lernen und die verblüffenden Veränderungen zu erleben. Die Muster werden auf beiden Seiten schwächer und der Umgang zunehmend harmonischer, bis er sich ganz auflöst, da keine Resonanz mehr vorhanden ist. Alles dient unserer Entwicklung. Es braucht nur unsere Bereitschaft dazu.

Von meinen Erfahrungen mit Walk-In - Seelen

Was ist eine Walk-In – Seele?

Es ist eine neue Seele, die in den Körper geht. Zuvor entscheidet sich die alte Seele die Verkörperung zu verlassen. Die Inkarnation dieser Seele ist also beendet und für sie ist es sicher, zu gehen. So kann eine Seele ihren bisherigen Körper einer neuen Seele übergeben.

Diese neue Seele entstammt der gleichen Seelenfamilie und wartet auf eine neue Inkarnation. Das Ganze wird schon Monate vorher gründlich geplant.

Viele Faktoren müssen übereinstimmen, damit es zu so einem Seelenwechsel kommen kann. Wenn Kinder da sind, muss jedes Kind auf höherer Ebene seine Zustimmung für die neue Seele geben. Bei allen meinen Erfahrungen kannten die Kinder die neue Seele bereits aus früheren Inkarnationen oder aus körperlosen Zeiten.

Genauso verhält es sich, wenn noch Kinder die Seelen wechseln. Da braucht es die vorherige Zustimmung der Geschwister und Eltern. Es geht dabei um den Schutz und die Entwicklung der Kinder. Bei Partnern ohne Kinder und auch bei bereits erwachsenen Kindern ist dies jedoch nicht der Fall.

Da können sich auch nach dem Wechsel oft große Veränderungen ergeben, denn die Ausstrahlung und die ganze Wesenheit ist eine andere.

Ein weiterer Faktor besteht darin, inwieweit die neue Seele fähig und bereit ist, das Leben der vorherigen Seele weiterzuleben oder gegebenenfalls zu verändern. Denn die Neue kommt mit einem neuen Auftrag, sie hat andere Ziele und Begabungen. Das wird schwierig, wenn die alte Seele sehr bekannt und populär war.

Die Erwartungshaltung der Fans ist zu groß und der Ruf der alten Seele könnte zerstört werden, wenn es sowieso sicher ist, dass die Neue nicht im gleichen Fahrwasser schwimmt. Das wird vorher alles gründlich abgewogen. Die neue Seele sollte nicht überfordert und vom Lebenswerk der alten sollte nichts zerstört werden.

Noch ein weiterer wichtiger Grund ist der körperliche Gesundheitszustand. Wenn die neue Seele kleine Aufträge mitbringt, die in kurzer Zeit von ein paar Jahren vollbracht werden und keinen großen körperlichen Einsatz bedürfen, wird sie auch einen etwas älteren Körper akzeptieren. Ich habe jedoch noch nie erlebt, dass eine neue Seele bewusst einen wirklich kranken Körper wählt, wenn die Genesung nicht wirklich sicher ist.

Die meisten Walk-Ins haben ihre eigenen Ziele, die sie auch intensiv verfolgen. Wenn ihr Auftrag abgeschlossen und beendet ist, gehen sie wieder und überlassen ihren Körper gerne einer weiteren neuen Seele.

Da alles vorher gründlich geplant wird, kann die alte Seele all das beenden, was die Neue mit Sicherheit nicht weiterführen wird. Sie macht das, um den Start für die Neue zu erleichtern. Denn es gibt noch genügend, was die Neue selber entscheiden und gegebenenfalls ändern darf.

Wie sieht so ein Austausch aus

So hatte ein 15-jähriges Mädchen urplötzlich mit ihrem sonst so geliebten Gitarrenunterricht aufgehört. Keiner konnte das verstehen, da sie sonst wirklich gern spielte und sie auch keine Gründe für ihre Entscheidung nennen konnte. Eine Woche später fand der Walk-In statt. Einfach so, ohne Krankheit, Unfall oder Operation. Sie war abends mit Freunden zusammen, hatte nur eine Kleinigkeit getrunken und kippte auf einmal bewusstlos um.

Sie wurde nach Hause gebracht und kam dort auch wieder zu sich. Sie hatte in der Nacht Ruhe für ihren Prozess und konnte am nächsten Tag schon ihr neues Leben beginnen. Sie hatte einen Freund und die alte Seele überließ ihr die Entscheidung, ob es auch ihr Freund sein sollte. Sie war jedoch anfangs sehr unsicher und wollte einen Freund nicht verlieren aber auch keine enge Bindung eingehen.

Nach einigen Wochen entschied sie sich bewusst für ihn. Auffallend war auch, dass ihr die Kleidung ihrer Vorgängerin nicht gefiel. Bereits am zweiten

Tag nach ihrem Ankommen kleidete sie sich neu und in einem vollkommen anderen Stil ein.

Eine andere erwachsene Walk-In-Seele schaute bereits am ersten Tag alle Unterlagen durch und sprach ihre Verwunderung aus, je so unpraktische Verträge abgeschlossen zu haben. Sie nahm noch am selben Tag alle Veränderungen vor, denn sie verfolgte andere Ziele und die Verträge der Vorgängerseele waren für sie nicht ideal. Auch das konnte die alte Seele für die Neue nicht im Voraus klären, da es gezielte individuelle Entscheidungen waren.

Während des Wechsels tritt immer Bewusstlosigkeit ein. Die gehende Seele ist dann mit den meisten Anteilen schon aus dem Körper und die ankommende Seele dabei, in den Körper zu gehen. So ist der Körper für eine kurze Zeit nicht voll bewohnt. Viele berichten von einer Panik wenn sie wieder zu sich kommen, da noch zu wenig neue Seelenanteile da sind.

Sie haben dabei das Gefühl, sterben zu müssen. Sobald genügend Seelenanteile eingezogen sind, ist wieder ein stabiles Empfinden da. Die Seele geht nie sofort ganz in den Körper. Auch sie braucht eine Zeit der Eingewöhnung, manchmal sogar über mehrere Jahre.

So ein relativ einfacher und überwiegend bewusster Wechsel findet überwiegend bei Jugendlichen und sehr jungen Erwachsenen statt. Viele können dabei sehr leicht aus den Körper gehen und sind auch körperlich stabil genug, um das selber durchzustehen. Auch können die Mitmenschen mit der Persönlichkeitsveränderung besser umgehen, da sie es sich mit der Pubertät und dem Erwachsenwerden erklären.

Wenn ein Wechsel während einer Operation oder nach einem Unfall geschieht, ist derjenige unter ärztlicher Aufsicht und wacht erst wieder auf, wenn die neue Seele eingekehrt ist. Das ist ideal, da so auch eine langsame Eingewöhnungszeit besteht. Jeder wird die Veränderungen mit dem Ereignis begründen und somit auch Verständnis dafür haben. So hat die neue Seele eine Eingewöhnungs- und Schonzeit.

Auch während großen einschneidenden familiären oder persönlichen Ereignissen können Seelenwechsel stattfinden. Eine Scheidung, ein Berufswechsel oder ein großer Umzug gibt der Vorgängerseele die Möglichkeit mit ihrem Leben abzuschließen und all das zu beenden, was die neue Seele sowieso nicht weiterführen würde. So kann die neue Seele sofort ihr Leben starten. Auch da werden von den Mitmenschen die Persönlichkeitsveränderungen doch eher durch die großen Ereignisse erklärt.

Persönlichkeitsveränderungen

Nun lebt in dem Körper ja eine andere Seele. Sie drückt sich anders aus und hat ihre eigenen Interessen, Begabungen und Vorlieben. Der Augenausdruck und die Mimik, ja sogar die Gangart können sich verändern. In wenigen Fällen bleiben noch einige Anteile der ersten Seele da und es leben sozusagen zwei Seelen in einem Körper. Dies dient jedoch nur einer Übergangszeit von wenigen Jahren.

Geplant ist da durchaus, dass die alte Seele mit der Zeit ganz gehen und die neue somit mit mehr Anteilen und alleinig den Körper bewohnen wird. Das ist sinnvoll, wenn die neue Seele noch keine oder wenig Erfahrungen auf der Erde hat und entweder zum ersten oder zweiten Mal hier inkarniert. Sie lernt dadurch von der alten Seele und kann sich somit besser auf Erden zurechtfinden.

Die meisten Walk-Ins sind noch sehr junge Seelen und haben noch wenig Erdenerfahrung. Die Dualität ist eine ungewohnte Härte für sie. Auch kommt für sie eine Inkarnation in einen Babykörper nicht in Frage, da sie nicht gekommen sind, um menschliche, duale Erfahrungen zu machen, sondern um Neues auf die Erde zu bringen und vorzuleben. Sie können in einem ausgewachsenen Körper gleich durchstarten.

Die neue Seele bekommt alle wesentlichen Erinnerungen der alten. Aber sie hat das alles ja nicht tatsächlich gelebt. Es sind nur die gedanklichen Speicherungen von Erlebnissen. Sie hat es nie gefühlt. So wurde einer neuen Seele zu Hause ihr Lieblingstee gekocht. Als sie ihn probierte, trank sie ihn ja zum ersten Mal. Es war für sie ein neues Geschmackserlebnis und sie fragte nach der Teesorte. Nach der Antwort ihrer Mutter wurde ihr sofort in Gedanken klar: *„Ach, das ist ja mein Lieblingstee!"*

Eine junge Mutter (Walk-In) mit einem dreijäh-
rigen Kind und einem sechsmonatigen Baby freute sich nach dem Seelen-Wechsel riesig über das
Lächelns des Babys. Dabei lächelte es schon längere Zeit davor bereits jeden Tag. Und doch war
es für die neue Seele das erste Mal und somit ein
wirklich überragendes Ereignis! Sie meinte daraufhin etwas verlegen, dass sie ja wisse, dass das
Baby schon lange lächelt, sie es aber noch nie so
schön empfunden habe.

Etwas später war das Baby doch etwas verwirrt
und vermisste wohl seine alte Mutter. Das Geschwisterkind nahm es liebevoll in den Arm und
meinte tröstend, es solle nicht traurig sein, denn
es habe ja noch ihn und er sei immer noch der
gleiche!

Der kleine Junge mochte seine neue Mutter sofort und sagte ihr täglich, wie lieb er sie habe. Er
hat den Wechsel bewusst mitbekommen und ihr
danach Erklärungen gegeben. Er erzählte ihr, wie
bei ihnen der Alltag abläuft und fragte sogar, ob er
von ihr auch nachmittags etwas Süßes bekäme, so
wie er es gewohnt sei.

Eine neue Seele spürt durchaus in den ersten
Tagen, dass alles neu und seltsam ist. Sie ist sich
jedoch nicht unbedingt bewusst, ein Walk-In zu
sein. Eine neu angekommene Seele erklärte mir
dazu, sie kenne ja jetzt nur sich selber und keinesfalls die andere Seele.

Jeder spürt nur sich selber. Für viele ist es erst
Jahre später eine logische Erklärung für alle Ver-

änderungen in dieser Zeit. Auch für die Zeit davor, die nur aus gedanklichen Erinnerungen besteht, aber nie wirklich gefühlt wurde.

Viele wirken auf ihre Mitmenschen anfangs sehr
ruhig und in sich gekehrt. Obwohl sie alles neu
und sehr intensiv spüren, werden sie nach außen
hin eher emotionslos wahrgenommen. Auch weil
sie nicht mehr die spontanen Verhaltensweisen leben wie alle es von der Vorgängerseele gewohnt
waren. Dabei sind sie oft verunsichert und über-
empfindlich. Es braucht seine Zeit um mit den
wechselnden Gefühlen klar zu kommen.

Denn bei Problemen ist oft die alte Verhaltenseise
für sie nicht mehr gültig. Sie müssen sich erst an ihre Wahrheit annähern und sie auch leben, um die
alten Themen restlos loslassen zu können. Diese alten Themen sind die Muster der alten Seele, jedoch
nicht mehr der Neuen. Jedoch dienen sie der Neu-
en noch solange, bis sie lernt, nicht mehr aus der
gespeicherten Gewohnheit darauf zu reagieren,
sondern ihr neues Potential lebt und bestätigt.

Es ist also eine wundervolle Lernmöglichkeit um
sich auf ihre neue Art bewusst auszudrücken und
keinesfalls eine lästige Altlast der Vorgängerseele.
Denn diese hat ja ihre Aura mit ihrem Mental-
und Emotionalkörper mitgenommen. Es sind nur
die gespeicherten Erfahrungen, welche von der alten Seele übernommen wurden. Die Neue muss
also nicht im alten Fahrwasser schwimmen sondern ist sogar dazu aufgerufen sich bewusst auszu-
richten, um sich selber zu leben.

Mediale Unterstützung

So wie ich den Seelen ins Licht helfe, kann ich für sie auch auf dem Weg vom Licht auf die Erde, in den Körper eine Unterstützung sein. Bei einem Walk-In findet beides statt. Die alte Seele geht und die neue kommt. Manchen ankommenden Seelen bereitet es Schwierigkeiten, in den dichten Körper zu gehen.

Es verhält sich da wie mit den sterbenden Seelen und den Geistern in der Umgebung oder wenn ein Bezug zu ihnen da ist. Ist der Kontakt da, bin ich medial bei ihnen. Es braucht etwas länger für die ankommenden Seelen, doch hat es sich bis jetzt immer ideal gefügt, um spontan eine meditative Haltung einnehmen und abschalten zu können.

Auch für Seelen, die bei der Geburt in einen Babykörper gehen und dabei Hilfe brauchen, stehe ich medial zur Seite. Die Schwierigkeit beim Ankommen trifft überwiegend auf junge Seelen zu, die noch keine oder erst wenige Leben auf Erden hatten. Sie sind die Dichte eines physischen Körpers nicht gewohnt und auch die Schwingungen der hier vorhandenen Dualität empfinden sie als unangenehm.

Obwohl es vorher gründlich geplant war, so erfordert es doch viel Kraft und Mut für eine Seele, diesen Schritt ins Vergessen zu gehen. Und doch haben diese oft lange auf eine ideale Inkarnation gewartet und strahlen sehr viel Dankbarkeit und Freude aus.

Win-Win - *Jeder hat seinen Vorteil*

Dabei gab es Walk-Ins schon immer, wenn auch nicht so häufig wie in jetziger Zeit. Die Möglichkeit einen bereits ausgewachsenen Körper zu beziehen und gleich mit seinen Aufgaben zu starten, wurde schon immer gerne angenommen. Die neue Seele konnte so auch ihre idealen Erfahrungsthemen anwählen, um sie zu leben und daran zu wachsen.

Wenn ich die Seelen von noch sehr jungen Menschen nach dem Grund ihres Gehens befragte, bekam ich die Antwort, da sie schon alle Aufgaben erfüllt haben, die sie sich für dieses eine Leben gestellt haben. Sie hätten nun durchaus die Möglichkeit trotzdem zu bleiben, ziehen es aber vor, zu gehen, um sich schneller weiterzuentwickeln. So gibt es für viele neue Seelen die Chance in einen jungen Körper zu inkarnieren.

Früher reichte oft ein Leben nicht aus für die zuvor gestellten Aufgaben und Ziele und sie wurden in die nächste Inkarnation mitgenommen. Liegt das daran, dass wir nun allgemein doch mehr gereift sind und unsere Entwicklung schneller vorangeht, oder dass wir uns kleinere Ziele stecken? Ich meine, es trifft beides zu.

Es werden kürzere Inkarnationen geplant, weil manchmal die Aufgaben nicht mehr so umfangreich sind und die Entwicklung bei den alten Seelen schon sehr fortgeschritten ist und so nicht mehr viele Ziele vorhanden sind, sowohl auch ein zügigeres Handeln da ist. So teilte mir die gehende Seele der oben erwähnten jungen Mutter mit, dass es ihre Aufgabe war, den Kindern das Leben zu schenken, aber nicht, um sie zu erziehen. Sie habe ihre Aufgabe erfüllt und könne so, gerade einmal 22jährig schon gehen. Das geschah, nachdem sie kurz zuvor ihr Baby abgestillt hatte.

Vieles wird bereits vor den Inkarnationen abgesprochen. Wenn es für eine Seele schon vorher sicher und geplant ist, wie ihre Aufgaben sind und wann sie diese ungefähr vollbracht hat, so ist es auch da schon geklärt, wer den Körper übernehmen wird. Solche Absprachen werden immer im größten Einverständnis aller getroffen. Es kommen jetzt zwar viele neue Seelen als Walk-Ins auf die Erde, aber es gibt auch viele alte Walk-In-Seelen, die sofort sehr kompetent wirken und beherzt ihre Aufgaben angehen. Sie strahlen durch ihre viele Leben eine gewisse Sicherheit und Unempfindlichkeit aus.

Die Motive solcher Seelenwechsel

Eine neu ankommende Seele teilte mir einmal mit, sie sei eine weitgereiste, langgediente Seele. Sie bringe kein Karma mehr mit und sei nur deshalb jetzt hier, um in Freude mit ganz einfachen Tätigkeiten zu dienen und dies auszustrahlen. Es ginge also bei ihr nicht so sehr um das Tun, sondern mit welcher Energie sie ihre Arbeit sozusagen lebt.

Alleinig einfache Arbeiten in innerer Harmonie zu tun und dies auszustrahlen, sei ihre jetzige Auf-

gabe, die sie mit Leichtigkeit erfüllen wird. Sie
möchte vielen Menschen in ähnlichen Situationen
ein Beispiel geben, dass man trotz allem scheinbar
Negativem sehr glücklich sein kann. Auch für diejenigen, die sie nicht persönlich treffen, ist sie eine
Hilfe. Denn sie lebt eine Wahrheit und strahlt diese aus, so kann jeder mit mehr Leichtigkeit diese
Wahrheit auch für sich annehmen.

Viele Seelen berichten ähnliches. Es gehe nicht so
sehr um das tatsächliche Tun, sondern eher wie
man etwas tut, also mit welcher Ausstrahlung und
Energie man sein Leben lebt. Manche sind einfach
nur hier, um aufzurütteln und neue Denkanstöße zu
geben, andere, um mit gutem Beispiel etwas vorzuleben und wieder andere, um etwas vollkommen
Neues zu verankern. Viele wirken dabei im Stillen
und treten gar nicht an die Öffentlichkeit.

Es ist nicht nur die neue Generation, die Veränderungen bringt, sondern auch alle ständig neu
ankommenden Seelen in den bereits mittleren und
älteren Generationen. Viele dieser neuen Seelen
berichten von einer großen Walk-In-Welle, die
noch auf uns zukommen wird. Die Hälfte der
Menschheit wird so im Stillen „ausgewechselt".

Wandernde Seelen

Es gibt auch Varianten vom klassischen Walk-
In. So ist es schon vorgekommen, dass gehende
Seelen sofort in eine andere Verkörperung gehen,
wo zuvor die Seele nach Absprache gegangen ist.

Das ist also keine neu ankommende Seele auf Erden, sondern sie hat nur ihre Verkörperung gewechselt, um in einen neuen Aufgaben- und Erfahrungsbereich einzutreten. In ihren vorherigen Körper ist nun ein neuer Walk-In oder auch eine gewanderte Seele.

In den Fällen, bei denen die Seelen mir das mitgeteilt hatten, fand auch kein reiner Austausch oder Wechsel von zwei Seelen in deren Körpern statt. Sondern es stellte sich eine für mich nicht mehr nachvollziehbare Kettenreaktion dar. Denn die Seele, die ihren Körper gewechselt hatte, stellte ihren Körper einer ebenfalls wechselnden Seele zur Verfügung und so ging das noch einige Seelen weiter bis letztendlich die letzte einer neu ankommenden Walk-In-Seele ihren Körper überließ. Das alles geschah ja zur gleichen Zeit und wurde zuvor bis ins Detail geplant.

Bei diesem direkten Wechsel von Körper zu Körper bringt die Seele sich ganz mit. Ihr vorheriges Leben und ihr ganzes Potential sind sehr präsent vorhanden. So wechselte eine selbstbewusste, kinderlose Schauspielerin in den Körper und das Leben einer alleinerziehenden, zweifachen und berufstätigen Mutter. Diese sonst wenig selbstbewusste Mutter strahlte nun plötzlich nach dem Wechsel ein richtiges Starbewusstsein aus.

Ihre Mitmenschen spürten diese neue Ausstrahlung und gingen nun sehr zuvorkommend und respektvoll mit ihr um. Auch hatte diese Seele so ein neues Aufgabengebiet in einer neuen Umgebung.

Im Prinzip kommt das einem neuen Leben gleich,
nur eben mit dem mitgebrachten Ausdruck des
Vorherigen. Diese Seele teilte mir mit, dass dies so
bewusst gewählt und mit den Kindern abgesprochen wurde, um Neues in diese Umgebung zu
bringen und selber auch sich neuen Aufgaben stellen zu können.

Mich interessierte nun auch, wie es der neuen
Seele in dem Schauspielerleben und –Körper er-
ging. Sie meinte, während des Wechsels befand sie
sich in einer Krankheit und die Neue wird wieder
ganz genesen und nicht mehr spielen. Jeder wird
denken, die Krankheit habe sie so in ihrem Wesen
verändert. Auch sie hat sich neue Aufgaben in einem veränderten Umfeld gewählt.

Nicht immer sind so starke Veränderungen in
der Wesenheit da. Doch wenn es so ist, ist es doch
sehr erstaunlich, wie sich alles fügt. Die ganze Umgebung, wie Freunde, Hobbys und Beruf können
sich innerhalb kürzester Zeit neu gestalten.

Das fällt für viele auch gar nicht so sehr auf.
Denn wenn wir zu jemand plötzlich keinen Bezug
mehr haben, werden wir sein Leben auch nicht
mehr weiterverfolgen. Selbst die engsten Familien-
angehörigen können die Wesensveränderung entweder mit emotionalem Abstand akzeptieren oder
es kommt zu einer Entfremdung mit Kontaktab-
bruch.

Das abschließende Erfahrungsbeispiel veranschau-
licht das im positivsten Sinne: Eine große Charak-
terveränderung stellte sich nach dem Ankommen

einer neuen Walk-In-Seele ein. Diese Person war zuvor schüchtern und konnte keinesfalls vor vielen Menschen etwas vortragen. Die Neue jedoch kannte kein Lampenfieber und sprach intuitiv vor großen Gruppen. Es ergab sich ganz selbstverständlich und sie meinte, es sei für sie das Natürlichste auf der ganzen Welt.

Sie war allein und ungebunden. Ihre schon längst erwachsenen Kinder konnten sie respektvoll akzeptieren und boten sogar ihre Unterstützung an. Ich meine, dass es für sie trotzdem höchst verwunderlich gewesen sein muss. Doch konnten sie gar nicht anders, als dieses neue Talent zu unterstützen, da sie sich mit so viel neuer Leichtigkeit ausdrückte und zu sich stand.

Schlussworte

Es war mir ein Bedürfnis all diese Erfahrungen mitzuteilen. Mögen alle, die sich darin wiederfinden, sich durch eine umfassendere Sichtweise der Begebenheiten verstanden fühlen. In meinen Augen hat alles seine Gültigkeit.

Alles befindet sich ständig im Wandel. Wir lernen daraus und entwickeln uns weiter, auch wenn es uns anfangs nicht so bewusst ist. Wir ziehen das an, was wir an Vorstellungen in uns tragen.

Manchmal braucht es viele Wiederholungen von ähnlichen Situationen bis wir erkennen, dass wir das nur aus einem Glaubensmuster heraus erschaffen haben.

Es sind alles Spiegelungen unserer meist unbewussten, inneren Einstellungen. So liegt es auch in unserer Hand neue Entscheidungen zu treffen und sie zuzulassen. Der Beginn liegt im Fühlen.

Jeder ist für sein eigenes Wohlbefinden verantwortlich und kann es nur für sich selber auch erlauben und herstellen. Auch wenn es scheinbar unmöglich erscheint aus gewissen Lebens- und Gefühlslagen aus eigener Kraft sich zu befreien, so sind es doch die kleinen Schritte, die kleinen Verbesserungen, welche uns beständig voranbringen.

Es braucht die Entscheidung sich besser fühlen zu wollen und die nötige Selbstliebe, das auch zuzulassen. Darin sehe ich unsere Entwicklung.

Meine Arbeit mit den Seelen empfinde ich nicht als ein Tun. Vielmehr ist es ein Geschehen lassen. Mein Beitrag ist es dabei, bei mir zu sein. So habe ich nicht das Gefühl helfen zu müssen. Wäre es so, würde ich aus mir herausgehen und mich in einen Zustand begeben, in dem ich außerstande wäre eine Hilfe zu sein. Was ich glaube, erschaffe ich.

Wenn ich es mir erlaube, mich gut zu fühlen, kann ich anderen helfen und das klingt paradox, denn ich helfe nicht in meiner Vorstellung, sondern bin nur in meinem guten Gefühl und lasse von dort aus geschehen, was geschehen will. So meditiere ich gerne mit anderen. Ich gehe in meine Mitte und allen fällt es leichter ihre Mitte auch zu spüren. Das was wir sind, was wir vorleben, können andere auch erreichen. Die Schwingungen stehen dazu zur Verfügung.

Es ist mir ein Anliegen in allem das Positive zu sehen. Denn alles hat zwei Seiten, und worauf wir unsere Aufmerksamkeit geben, das erschaffen wir auch. Wenn ich verstorbene Seelen wahrnehme und mit ihnen arbeite, sehe ich sie immer mit einer wohlwollenden Neutralität. Ich wünsche ihnen das Beste und kann ihre Energien und ihren Schmerz mit Abstand betrachten. Das kann ich jedoch nicht von denjenigen erwarten, die Geister oder gar Besetzungen bei sich haben.

Viele kommen auf mich zu mit der Bitte, diese Fremdenergien zu nehmen. Wenn sie weg sind, ist auch immer eine Befreiung wahrnehmbar. Am besten wäre es, wenn dieses befreiende Gefühl lange erhalten bleibt und immer wieder in Erinnerung gerufen wird. Manche kommen aber danach ins Grübeln. Geister sind in unserer Welt einfach etwas Mysteriöses, was nicht nachweisbar und greifbar ist.

So hilft es auch niemanden damit zu konfrontieren, Geister bei sich zu haben, falls er das selber nicht bemerkt hat und überzeugt davon ist. So helfe ich zwar den Geistern, wenn sie sich mir zeigen, gebe diese Information aber nicht weiter. Denn ich möchte nicht verunsichern und kann auch nicht einschätzen, wer damit umgehen kann. Genauso verhalte ich mich auch mit Walk-Ins. Ich habe von früh an gelernt zu beobachten und vieles für mich zu behalten.

So möchte ich auch mit meinen Mitteilungen weder verunsichern noch überzeugen. Es sind meine individuellen Wahrnehmungen und wer weiß schon, was die allumfassende Wahrheit ist?

Dennoch gibt es vielleicht Einblicke in neue Betrachtungen unseres Seelenlebens. So möge jeder Leser nur das für ihn Stimmige mitnehmen und in Erinnerung behalten.

Anhang

Über die Autorin

Birgit Schmidt, geb. 1961, wohnhaft im Großraum Stuttgart, ist Yogalehrerin, Heilerin und Seelenmedium.

Zu Informationen und Angeboten:

www.anaruna-bewusstseinsarbeit.de

Weitere Bücher der Autorin

Heilung durch Mitgefühl

Durch eine neue Sichtweise von der Bedeutung des Mitgefühls können wir unsere Selbstheilungskräfte aktivieren und zur Heilung unserer Umgebung beitragen.

In diesem Buch wird ein bewusster Weg aufgezeigt, um selbstverantwortlich mit seinen Gefühlen umzugehen und eine ganzheitliche Heilung, sowie persönliche Weiterentwicklung zu erreichen.

Die Mitteilungen gehen in die Tiefe, sind jedoch für Jeden leicht verständlich und sofort anwendbar. Eine Besonderheit ist die enthaltene Anleitung zur Selbstaktivierung im Herzen, um sein Herz in der Liebesschwingung auszudehnen. Dadurch wird die Intuition gestärkt und Stille erfahrbar.